轨道交通实训课新理念新形态活页式教材

轨道交通车辆技术实训指导

（五）车辆控制

主　编 / 袁楷智　蒲华强　吕贵铭

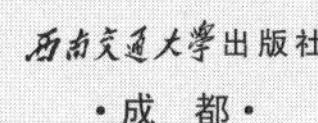

·成　都·

图书在版编目（CIP）数据

轨道交通车辆技术实训指导. 五，车辆控制 / 袁楷智，蒲华强，吕贵铭主编. --成都：西南交通大学出版社，2023.6
ISBN 978-7-5643-9340-3

Ⅰ. ①轨… Ⅱ. ①袁… ②蒲… ③吕… Ⅲ. ①城市铁路－铁路车辆－控制系统－高等职业教育－教材 Ⅳ. ①U239.5

中国国家版本馆 CIP 数据核字（2023）第104896 号

目录
CONTENTS

车辆 PIS 实训演练

任务一　PIS 认知

一、实训目的

掌握 PIS（Passenger Information System）的设备组成和功能

二、理论链接

1. PIS 介绍

乘客信息系统（PIS）是依托多媒体网络技术，以计算机系统为核心，通过设置站厅、站台、出入口、列车的显示终端，让乘客及时准确地了解列车运营信息和公共媒体信息的多媒体综合信息系统；是城轨系统实现以人为本、提高服务质量、加快各种信息公告传递的重要设施，是提高城轨运营管理水平，扩大城轨对旅客服务范围的有效工具。

乘客信息系统的主要功能包括：为乘客提供高质量的音视频和文本信息，使旅客及时了解列车的运行情况、到站信息等，方便旅客换乘其他线路，减少旅客下错站的可能性；在发生灾害或其他紧急情况下，进行紧急广播，以指挥旅客疏散，调度工作人员抢险救灾，减少意外造成的损失；向 OCC 提供列车的监控画面，使 OCC 工作人员实时掌握列车运营中的情况。

乘客信息系统主要包括车载广播系统，乘客信息显示系统，司机对讲和乘客紧急报警，车载多媒体播放系统，车载视频监控系统，以及和无线电、无线局域网的接口等。

2. 工作原理

两端司机室各放一套司机室设备，用于司机操作、音频和视频源的播放、CCTV 的显示和存储、与 TCMS 的接口、与 WLAN 的接口以及与 RADIO 的接口等，并且两端设备互为热备份。

每个客室各放置一套客室设备，用于客室内广播，媒体的播放以及监控视频的传输。

车载 PIS 由多个子系统组成，实现这些子系统功能的列车总线有三类。

（1）用于数字传输的以太网总线——屏蔽双绞超五类线。

Ethernct 数字总线——用于 PIS 传输多媒体视频信号，CCTV 监控图像视频流。

（2）用于模拟音频传输的广播对讲音频总线。

UIC568 模拟总线——用于广播及司机对讲功能。内部包含广播列车线，对讲列车线以及控制总线。

（3）CAN 总线。

CAN 通信线——用于列车乘客信息系统的管理及控制信息的传递，如控制车厢内动态地图。

工作原理拓扑图如图 1-1-1 所示。

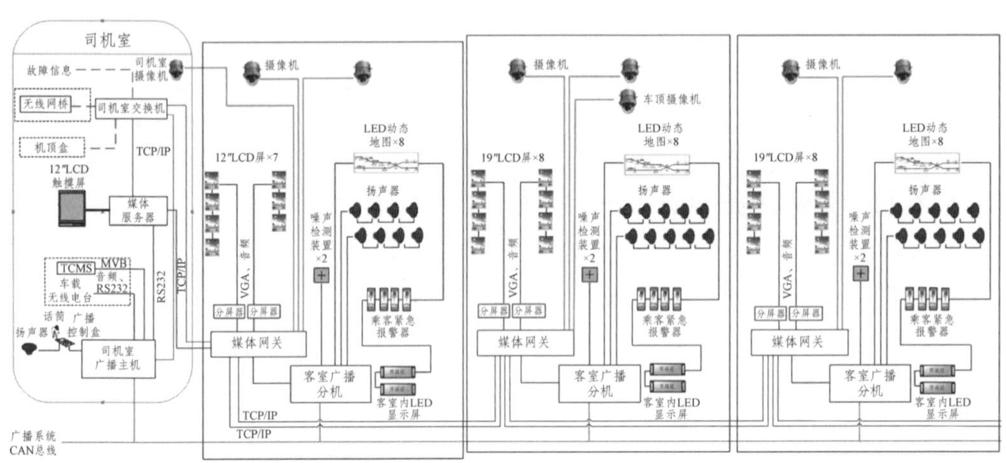

图 1-1-1　工作原理拓扑图

3. PIS 的设备主要组成及功能

广播控制盒用于司机对广播系统的手动控制，包括预报站广播，到站广播控制，紧急广播控制等。面板上配有按键用来司机与司机通话、司机与乘客紧急报警通话、司机对乘客进行口播等，如图 1-1-2、图 1-1-3 所示。

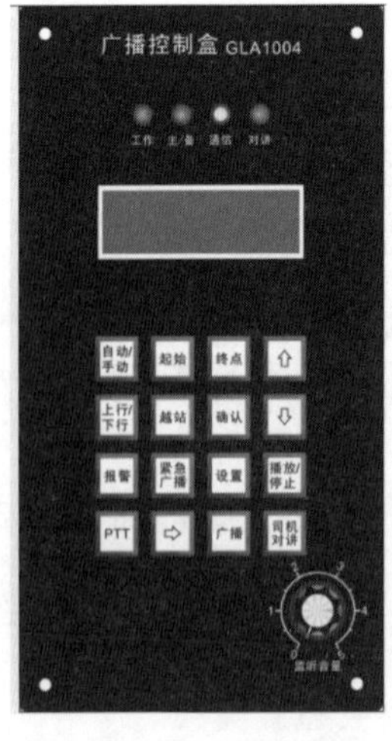

图 1-1-2　广播控制盒

图 1-1-3　鹅颈话筒

鹅颈话筒是司机与司机通话、司机与乘客紧急报警通话、司机对乘客进行口播的输入接口，如图 1-1-3 所示。

乘客紧急报警器（PECU）用于车厢内出现紧急情况时乘客向司机室报告。可进行乘客与司机之间的双向全双工通话，同时向列车监控系统提供报警触发。乘客报警后，通过报警器上的麦克风和扬声器与司机进行通话，通话结束后，由司机远程复位 PECU 或者乘客客室手动复位，如图 1-1-4 所示。

图 1-1-4　紧急通话装置

当多个车厢同时进行报警时，系统对各个车厢的报警信号具有储存功能。一个车厢的报警被接通时各个车厢的报警处于排队状态。当前一个车厢的报警挂断后，后面的报警会自动接入。当系统报警延时 2 分钟后，报警盒会自动切断此次报警。

在报警盒上安装了 2 个状态指示灯，当乘客按下报警盒上的报警按钮，司机接通后对讲灯长亮，当有其他报警盒在通话中占线灯闪烁对乘客进行提示。

采用双色 LED 发光管设计，可以显示 3 种颜色表示不同的信息，每个灯都可以作为一个站点。

显示方式：红色表示已经经过的站台，绿色表示还未到达的站台，当列车到站时对应的站名灯为橙色闪烁，出站后下一站的灯为绿色闪烁表示下一站，其余未作为站点灯以流水灯状态显示列车行进方向。

媒体服务器是车载视频监控系统与 LCD 媒体播放系统的核心控制设备，它可完成 CCTV 系统所需的实时视频显示、音视频录像存储以及设备管理、外部连接、与地面进行无线对接等主要功能，以及 LCD 媒体播放系统叠加字符、多窗口处理等功能，从可靠性、可维护性出发，媒体服务器采用工业级底板的车载抗振抗冲计算机硬件设备。媒体服务器采用硬盘用于记录视频数据，一个工业级 SD 卡用于安装操作系统和配置数据。媒体服务器外部接口主要有视频输出，工业以太网连接器、USB、RS232、RS485 接口，PS2 鼠标/键盘接口等，如图 1-1-5 所示。

为了保证系统数据的安全性以及改变列车行驶方向时的方便，头尾车司机室的媒体服务器使用相同的设备，可互为热备份。两个媒体服务器同时工作，媒体网关将视频数据送上网络，头、尾车媒体服务器同时接收记录数据，并在触摸屏显示器上显示图像。

在每节车厢中装有 8 个 19 寸 LCD 显示屏（Tc 车为 7 个），自带扬声器，用于播放显示多媒体信息。显示屏自带扬声器及 VGA 信号接收板，外壳采用防破坏设计。显示屏表面安装有 AR 减反射钢化玻璃，既可以保护液晶屏，同时可以防止外界光线反射，使乘客能看到更清楚地显示效果。

显示屏在正常的情况下播放节目，当客室 LCD 显示终端出现无接收信号时，能够自动全屏播放"杭州地铁欢迎您"等字样。当客室 LCD 显示终端长达 1 分钟没有接收到信号时，超时保护将起作用，LCD 显示屏将关闭，在接收到有效信号时，显示屏将重新正常工作，如图 1-1-6 所示。

图 1-1-5　媒体服务器

图 1-1-6　显示屏

显示屏的表面有防护外力破坏的保护层—减反射玻璃（AR），一旦发生保护层被破坏的情况，不会对乘客产生伤害。

触摸屏是系统的核心显示/控制设备，它可完成系统所需的实时视频显示、控制操作及设备管理等功能，如图 1-1-7 所示。

媒体网关，用于驾驶室和客室摄像机信号编码压缩处理以及 TS 流信号的解码、向摄像机提供 DC 12 V 电源。

媒体服务器接收地面 PIS 系统 TS 流多媒体信息进行处理后输出，每节车厢的媒体网关通过以太网络接收处理后的地面多媒体信息，输出给每个客室的两个分屏器。当接收不到地面 PIS 系统发送的多媒体信息 TS 流时，媒体网关接收本地多媒体信息输出给每个客室的两个分屏器。由于采用数字 TS 流信号传输，信号可以保证每个车厢保持一致。媒体网关到分屏器到 LCD 显示屏采用平衡信号传输，如图 1-1-8 所示。

图 1-1-7　监控画面

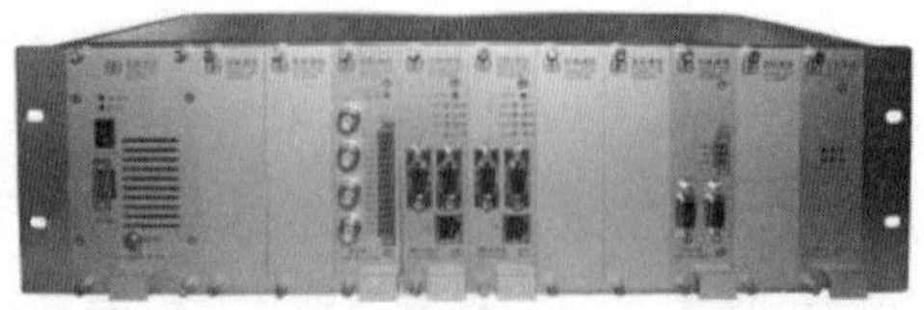

图 1-1-8　网关

媒体网关也是车载视频监控系统中完成视频（音频）数据采集、数字编码的设备，含有视频压缩编码模块，可支持标准 H.264 编解码算法，可支持最多 3 路 704×576 图像分辨率 25 帧/秒的实时速度处理视频数据，帧率 1～25 帧可调。

摄像机在系统中作为监控图像转为视频数据前端设备，摄像机的选择对系统性能影响非常大。摄像机主要参数为 CCD 点阵参数和镜头焦距选择。

摄像机的 CCD 为摄像机感光器件，一般 B 型车客室选用 8 mm 镜头，驾驶室选用 2.8 mm 镜头。摄像机外壳为铝合金，外罩为 PC。

三、实训要求

1. 实训时间

教学课时为 2 课时。

2. 实训形式

在实训设备上进行认知及功能演练。学生每 5 人组成 1 个工作小组，各小组制定实施方案及工作计划。每个小组先出 1 名组长，协助教师指导本组学生学习，检查实训进度和质量，制订改进措施，共同完成项目任务。

3. 实训注意事项

（1）未经教师或管理员允许不得擅自操作。

（2）计算机只允许打开实训系统，不得进行其他操作。

（3）严格按照上电顺序进行。

4. 工器具材料准备

系统使用说明书。

四、实训操作步骤

1. 整体实训流程如图 1-1-9 所示。

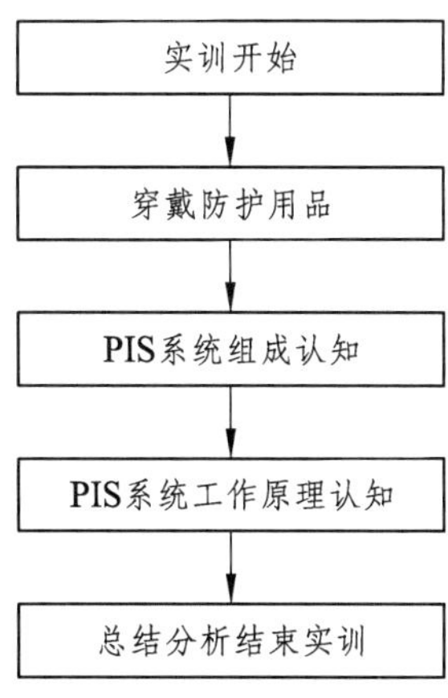

图 1-1-9　实训操作流程

2. 实训作业流程（表 1-1-1）

表 1-1-1　实训作业流程

工序	实训内容	使用工具	安全注意事项	作业结果记录
1	空调机构及组成认知	四角钥匙	开关空调盖板时注意个人防护，防止夹伤	
2	空调工作原理认知	笔、本等	开关空调盖板时注意个人防护，防止夹伤	
3	空调控制方式认知	笔、本等	开关空调盖板时注意个人防护，防止夹伤	

五、实训考核标准（表1-1-2）

表 1-1-2　实训考核标准

项目	标准	配分	得分
PIS 系统组成认知	能够说出 PIS 系统组成及其功能	50	
PIS 系统工作原理认知	能够说出 PIS 系统组成的工作原理	50	

六、思考题

在乘坐地铁过程中，乘客经常看到哪些乘客信息系统设备?

任务二　PIS 调试与检查

一、实训目的

掌握 PIS 的调试与检测作业流程和注意事项。

二、理论链接

1. 列车广播系统功能

列车广播系统主要包含司机室广播主机、广播控制盒（含 MIC）、客室广播分机、乘客紧急对讲装置、司机室监听扬声器、客室扬声器等设备。系统通过贯穿所有司机室和各个客室的广播音频线、对讲音频线、CAN 通信线来完成广播音频信号以及对讲音频信号的传输，并在相应的 LED 显示终端来显示相应的乘客信息和到站信息。列车广播前设提示音“叮咚”。

系统能在两端司机室广播主机失效的情况下，仍能继续进行人工广播和司机对讲。

（1）全自动广播。

车载广播系统能实时接收列车管理系统（TCMS）发来的触发信号、开/关门信号，实现列车预存储数字语音全自动广播。预存储数字语音包括普通话、英语等，并能进行多语种广播。

系统默认为全自动广播状态。当主机确认后，系统进入全自动报站模式。在此模式下，列车广播系统接收来自 TCMS 转发的 ATC 信息，进行自动广播。信息里包含 ATC 有效位、起点站码、终点站码、当前站码、下一站码、距离信号或速度信号、开关门信号、车站越站标志位等信息，自动触发报站广播。

在选择自动报站前，系统要确认上下行信息、终点站/起始站信息、越站信息等行车设置信息。

广播内容在客室中播报的信息同样播报到司机室，司机可以通过监听扬声器对广播内容进行监听。

在非 ATC 控车情况下，广播系统通过距离信号、开关门信号、零速信号等判断车辆的到站情况，进行自动广播，具体实现方式在设计联络阶段确定。

（2）半自动广播。

在全自动数字化语音报站的基础上，司机可以用司机室广播控制盒上的按键来选择站名代码或选择下一站站名来实现报站信息的广播。司机也可以通过广播控制盒上的按键来选择紧急信息、服务信息执行相关信息的广播。半自动广播可播放报站信息、服务信息、紧急信息等数字语音广播。

（3）人工广播。

司机通过司机控制台的麦克风可以对客室乘客进行人工广播，预告前方到站和有关信息。线路中的任一站都可设为起点站和终点站，并且在任何地点司机可以改变行程信息，司机可以通过广播控制盒进行跳站、起点站和终点站的设定。两端司机都可通过广播控制盒的麦克风对客室乘客进行人工广播，预告前方到站和有关信息。激活端的优先级高于非激活端。

广播的过程如下：

司机按住控制盒上的“广播”按钮，“广播”指示灯常亮，如果没有其他更高优先级的功能在执行，司机广播功能被激活，所有客室的扬声器和所有司机室监听扬声器首先播放“叮咚”提示音，司机对着广播控制盒上的麦克风说话便可对乘客进行人工广播，司机的播报内容将传送到客室扬声器和其他司机室扬声器。在人工语音广播期间，自动语音广播中断。

司机对客室广播通过以下任一条件终止：

① 激活该功能的司机松开司机台上的“广播”按钮。

② 有优先级更高的广播功能被激活。

③ 司机对客室广播终止时，司机台上的“广播”指示灯同时熄灭。

在两列车重联时，任一司机可以对所有客室广播。司机广播在每个司机室均可启动，按操作的时间先后确定优先级。

2. 控制中心（OCC）广播

系统与车载无线台有接口，可实现控制中心（OCC）对列车的无线电广播。OCC 通过车载无线台可与司机进行对话，并可无须司机授权直接对列车客室内乘客进行广播。当 OCC 对乘客进行语音广播时，车辆上的任何广播活动将被停止。

控制中心（OCC）语音广播时，车载无线电设备接收到 OCC 语音广播信号后，通过司机室广播主机与车载无线电设备的音频接口和控制信号接口，将 OCC 传来的语音信号及控制信号输入司机室广播主机的广播中央控制器中进行分类处理，再将处理完毕的信号传到功率放大器，通过音频和通信网络传输给客室机柜，由客室机柜中的功率放大器进行处理，并送给客室扬声器。

两台司机室广播主机均接收来自车载无线电设备的控制指令，司机室广播主机通过其主从控制逻辑，仅由主用机完成控制指令处理及答复。

3. 预录紧急信息广播（文字及声音）

当遇到紧急情况时，如发生火灾、严重故障等，司机可以通过操作广播控制盒上的按键或者从 TCMS 接收相应的紧急广播触发位和代码将预先录制好的疏导等信息进行播放， 同时在 LCD 和 IDU 上显示紧急广播信息，司机通过监听扬声器可监听紧急信息的广播，对客室的紧急信息广播前设提示音“叮咚”。此信息和自动报站语音文件一并存储在数字信息处理器上的 4G SD 卡中，整车供应商在设计联络阶段提供具体的方案，包括可录制的信息数量和每条信息最少字数等。

4. 广播优先级别

车载广播系统具有控制中心对列车进行广播、司机人工广播、数字式语音广播等方式。不同的广播方式有优先级别，在高级别的通信要求到来时，正在播送的低一级的通信立即中断。在高级别通信结束后自动恢复。低级别的广播通信不能打断高级别广播通信，需要等候高级别广播通信结束后才能开始。优先级模式能通过软件进行设置或修改。

建议优先级顺序如下：

① OCC 广播。

② 司机室之间对讲/乘客与司机对讲。

③ 司机对客室广播。

④ 预录紧急信息广播。

⑤ 半自动广播。

⑥ 全自动广播。

其中司机室之间对讲、乘客与司机对讲可与其他客室自动广播同时进行；司机室之间对讲、乘客与司机对讲优先级相等，当两者同时出现时，可先有报警提示，由司机决定是否接通报警。

5. 乘客与司机对讲（乘客紧急报警）

在每节客室安装 2 套乘客紧急报警及对讲装置。用于车厢内出现紧急情况时乘客向司机报警，乘客与司机之间可进行全双工双向通话。当乘客报警时，在 CCTV 监控屏有报警点指示，广播控制盒有报警声提示。当有司机室激活时，紧急对讲的功能只能在激活司机室被确认。没有司机室激活情况下，乘客紧急对讲功能在两端司机室都可以进行确认，第一个确认的司机室建立通信。

（1）司机与报警乘客通话时仅有激活端司机室扬声器和被触发的紧急通话器收听通话。在紧急报警对讲器上有简单说明，指导旅客进行报警操作。PECU 上有三个状态指示灯，当乘客按下 PECU 上的报警按钮后，“报警指示灯”闪烁，当司机接通后，“通话灯”长亮，当有其他报警盒在通话中，“占线灯”闪烁，对乘客进行提示。乘客紧急报警器采用嵌入式电动（无噪声）声压型话筒。

（2）当多个 PECU 同时被触发时，系统对各个车厢的报警信号具有储存功能。一个车厢的报警被接通时各个车厢的报警处于排队状态。当前一个车厢的报警挂断后，后面的报警会自动接入。

（3）被乘客触发的 PECU，其所在的车厢编号会自动显示在司机室的 CCTV 系统触摸屏监视器上。监视器还需显示所有通话请求队列，司机可以选择任意一个对话请求。

（4）每次报警结束后，司机可远程复位报警 PECU，乘客亦可通过 PECU 上的“复位”键，复位报警 PECU。

（5）当乘客报警 2 分钟后（可根据用户需要调整）仍无应答，本次报警自动结束，同时 PECU 复位。

（6）当乘客触发 PECU 报警与司机对讲时，广播系统会自动把当时乘客与司机的通话内容以数字语音的形式进行采集，并以先进先出 FIFO 的方式存储在司机室广播主机的 SD 卡内，直至司机复位紧急报警按钮时记录才结束。采集的语音文件命名规则为：年月日时分秒，文件类型格式为“*.mp3”。

（7）PECU 的紧急报警信号与车载视频监控系统（CCTV）联动，可自动触发 CCTV 系统将报警 PECU 相应客室的两个摄像头的画面同时在司机室 LCD 触摸屏显示器上显示，并在运营控制中心指定的监视器进行显示。同时，系统将记录紧急报警的对讲通话内容，与报警点视频形成单独报警录像语音文件，存储在媒体服务器。

（8）乘客紧急报警的操作流程如下：

① 乘客按下 PECU 上的红色“报警”按钮。

② PECU 的“报警指示灯”开始闪烁。

③ 监控触摸屏上显示报警位置。

④ 广播控制盒上的“报警”按键亮红光并闪烁，蜂鸣器响。

⑤ 司机按下控制盒上的“报警”按钮确认报警，“报警”按键灯常亮红色，蜂鸣声停止。

⑥ 司机按住“PTT”键，广播控制盒上的“听/讲”灯变为红色（对应通话的紧急报警盒上的“听话”灯变为绿色）此时司机处于讲话状态，司机可以对着广播控制盒上的麦讲话，声音在相应的紧急报警盒上播出。

⑦ 录音器开始录音。

司机没有按下 PTT 按钮，乘客可以讲话，声音被送到司机室监听扬声器。当司机按下 PTT 按钮，乘客通过紧急报警器可听见司机的讲话。

当司机松开“PTT”键后，广播控制盒上的“听/讲”灯变为绿色（对应通话的紧急报警盒上的“讲话”灯变为绿色）此时司机处于接听状态，乘客可以对着紧急报警盒上的麦讲话，声音传到司机室中。通话完毕后，司机按下“报警”键挂断报警。

当激活端接通紧急报警情况下，备机端可按下“CC”按键实现与对方司机室对讲；激活端需要与另一侧司机室对讲时，请按下“CC”键挂起紧急对讲。当两端司机室在进行对讲，挂起报警盒的情况下，再按下“报警”按键可恢复乘客紧急对讲。

当有多个乘客申请紧急对讲时，司机可按方向键选择接通的乘客紧急报警装置，再按照步骤进行通话操作。

乘客紧急对讲通过以下任一条件终止：

① PTT 按钮松开的时间达到 120 秒。

② 司机再次按下司机台上的“报警”按钮。

③ 有优先级更高的广播功能被激活。

乘客紧急对讲结束后：

① 司机室的“报警”指示灯熄灭。

② 乘客紧急报警器复位：报警按钮复位、指示灯熄灭、扬声器和麦克风关闭。

③ 录音器结束录音。

6. 多媒体信息播放系统功能

车载多媒体信息播放系统主要包括客室贯通道 LED 显示屏、LCD 显示屏、客室电子地图显示屏、等。通过客室内安装的 LED 信息显示屏和动态地图显示屏提供给乘客必要的旅行换乘信息。

该系统响应中央控制单元发来的触发信息，触发与其对应的显示单元，并与数字报站广播同步。其工艺和机械设计满足列车环境的要求，具有良好的抗干扰抗震动能力。LED 屏的亮度均匀，对比率可调节。对超出屏幕显示数目的文字内容采用滚动显示模式；显示内容的信息可通过司机室广播主机进行统一更新。

7. 客室内部信息显示

在每个客室内的通道上设置 LED 信息显示屏，用于显示列车行驶的相关信息：

（1）列车运行的线路、方向及终点站.

（2）列车将要到达的下一站。

（3）到站显示（与数字广播报站同步）。

IDU 显示的功能包括如下：

（1）中英文两种语言显示。

（2）显示目的地、到站站名、下一站站名及其他宣传文字。

（3）显示紧急信息。

（4）一屏可显示 9 个汉字。

（5）对超出屏幕显示数目的文字内容采用滚动显示模式。

（6）用户可通过软件编辑文字内容。

（7）与司机播放的预录紧急信息同步，显示相应文本内容。

（8）到站显示与数字报站同步。

（9）5 分钟内接收不到信号时，显示内容为“欢迎乘坐地铁*号线”。

8. 动态地图显示

在每个客室内设置门区电子地图显示屏，用于显示列车运行线路、方向、下一站、客室车门打开侧、换乘站以及相应线路的示意图，方便乘客乘行。在每个客室内设置 8 块动态门区电子地图显示屏，动态地图显示屏采用模块化设计，可以根据用户要求组成所需要的线路形式，动态地图显示器的发光点采用三色高亮度 LED，用于指示线路上各车站站名、线路信息、到站信息等；以红色 LED 表示已经驶过的车站；黄色闪烁 LED 表示前方到站；以绿色 LED 表示下一站之后的各站；未驶过的站以流水灯（绿色）表示运行线路，动态地图显示器上设有 LED 开门指示模块指示开门侧。

动态地图显示屏将满足以下要求：

（1）采用高亮度、高寿命的 LED 模块，适合车厢内部显示需要。

（2）每辆车内设 8 台，布置在车门上方。

（3）显示与报站信息同步显示，显示信息来源与报站信息来源一致，信息内容可由用户自行进行编辑。

（4）除显示运行线路与站点信息外，还显示开门侧信息。

（5）能够显示至少 2 条线的站名，具有一定的可扩充能力，以适应车站数的增加并可以适应不同交路运营的要求。显示方式可由用户进行编辑。

9. LCD 多媒体播放

在每列车上设置 LCD 显示屏，各 LCD 显示至少可 4 分屏，用于显示多媒体信息，如：电视新闻、广告、动画、图片、文字等。并可实时插入到站信息（与广播报站及 LED 显示同步）、列车紧急状态（与紧急状态广播同步）播放格式支持视频、图片、文字等。具有实时播放公共信息和广告信息的功能，媒体伴音通过 LCD 自带的扬声器播放。

每列车配置独立的车载 LCD 系统，为列车上的乘客提供音视频信息服务。该系统能优先播放车载数字电视系统接收的多媒体实时信息，还能独立播放本车存储的多媒体信息。系统具有足够的磁盘容量，能存储 3 天的播放信息；能对磁盘空间容量进行监控，系统能自动根据当前磁盘空间的使用情况实行自动报警。

10. 视频监控系统功能

在每个司机室设置 1 台红外半球摄像头，在每个客室设置 2 台半球摄像头，客室媒体网关将模拟视频图像数字编码，通过列车以太网络传输至司机室媒体服务器存储并在司机室监控器（触摸显示器）上显示，供司机实时监视客室内情况及数据备案查询。车载监控系统主要包含媒体服务器、半球摄像机、司机室监控触摸屏等设备。

系统时间与列车控制系统同步。

11. 设备清洁

部分设备在使用一段时间后，会出现污渍，需要定期清洁，否则会影响设备的正常工作或操作（注意：在清洁前，应先断开设备电源）。

对于清洁设备，必须用柔和的布料清洗设备，擦拭设备也用相同的布料，最好是棉织法兰绒，清除机柜、设备或附件上的水或其他液体。

可以使用温度适中的水添加润湿剂（酸性肥皂）清洗设备，如果可能的话，可以添加抗静电剂。

清洗和擦拭设备都必须避免划伤设备。

注意：不要使用任何腐蚀性、粗糙材料或棉纸清洁设备。设备有灰尘时，用微湿的软布轻轻擦拭设备的表面。

三、实训要求

1. 实训时间

教学课时为 4 课时。

2. 实训形式

在实物实训设备上进行操作演练学生每 5 人组成 1 个工作小组，各小组制定实施方案及工作计划。组长协助教师指导本组学生学习，检查实训进度和质量，制定改进措施，共同完成项目任务。

3. 实训注意事项

（1）未经教师或管理员允许不得擅自操作。
（2）作业过程中需要做好个人防护，注意用电安全。

4. 工器具材料准备

劳保手套、套筒扳手、四角钥匙、扭力扳手等。

四、实训操作步骤

1. 整体实训流程如图 1-2-1 所示

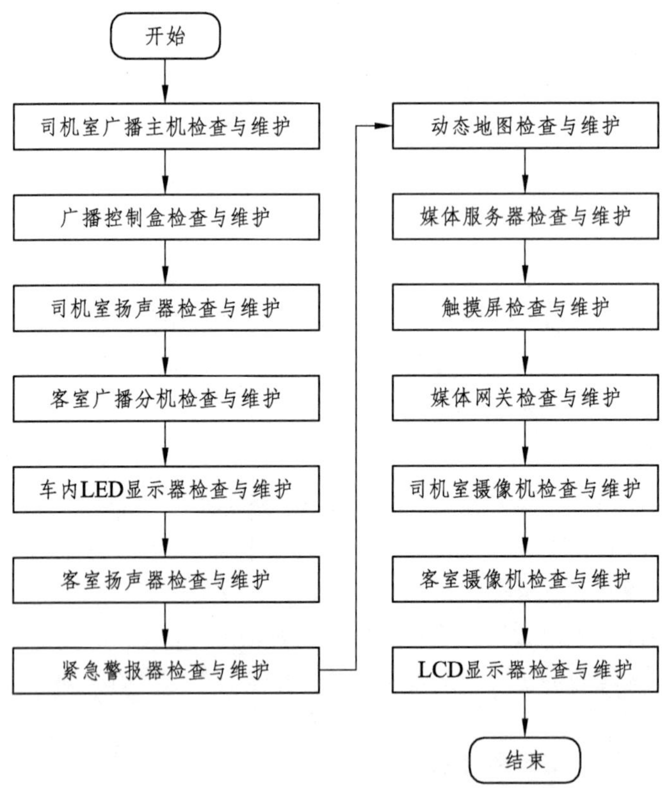

图 1-2-1　PIS 调试与检查流程

2. 实训作业流程（表 1-2-1）

表 1-2-1　实训作业流程

工序	实训内容		使用工具	作业结果记录
1	司机室广播主机检查	检查广播功能是否正常，检查广播主机广播功能正常 检查广播主机，检测系统的日志文件，分析系统运行状况，确认广播主机功能正常无报错	手电筒、笔、笔记本	
2	播控制盒（含话筒）检查	可以进行按键相应操作，观察现象，完成相应按键操作	手电筒、笔、笔记本	
3	司机室扬声器检查	检查是否播放 OCC 发出的声音，确认有音频输出	手电筒、笔、笔记本	
4	客室广播分机检查	相应车厢能够正常广播，确认语音广播正常；检查能否实现音频信号的放大输出、对讲音频信号的输入输出以及控制信号的传输，确认语音播放正常	手电筒、笔、笔记本	
5	车内 LED 显示屏检查	检查能否显示站点等提示信息，能正常显示车次、站点等提示信息	手电筒、笔、笔记本	
6	客室扬声器检查	检查是否根据环境噪声调节扬声器音量大小，广播时，能自动调节音量	手电筒、笔、笔记本	
7	紧急报警器检查	检查是否能进行乘客报警并与司机对讲，确认可以进行报警对讲操作	手电筒、笔、笔记本	
8	动态地图检查	检查能否实现站点的显示及开门侧信息，能正确显示站点信息	手电筒、笔、笔记本	
9	媒体服务器检查	正常开机和运行 CCTV、媒体播放软件，确认功能软件运行无报错	手电筒、笔、笔记本	
10	触摸屏检查	正常开机和运行 CCTV、媒体播放软件，确认功能软件运行无报错	手电筒、笔、笔记本	
11	媒体网关检查	检查是否能够视频编码、数据传输，触摸屏上正常显示对应视频图像	手电筒、笔、笔记本	
12	司机室摄像机检查	检查是否能看到司机室视频图像，触摸屏上正常显示对应视频图像	手电筒、笔、笔记本	
13	客室摄像机检查	检查是否能看到客室室视频图像，触摸屏上正常显示对应视频图像	手电筒、笔、笔记本	
14	LCD 显示器检查	检查是否能播放音频/视频信号，音视频播放正常	手电筒、笔、笔记本	
15	检查紧固件及连接器检查	检查 PIS 连接器是否有松动，如有松动的需要重新插接；根据紧固件的标记看紧固件是否有松动，如有松动需要用工具紧固，常用到扭力扳手	手电筒、笔、笔记本	

五、实训考核标准（表1-2-2）

表 1-2-2　实训考核标准

项目	标准	配分	得分
司机室广播主机检查	能够正确地对司机室广播主机进行检查	5	
播控制盒（含话筒）检查	能够正确地对播控制盒（含话筒）进行检查	5	
司机室扬声器检查	能够正确地对司机室扬声器进行检查	5	
客室广播分机检查	能够正确地对客室广播分机检查	5	
车内LED显示屏检查	能够正确地对车内LED显示屏检查	5	
客室扬声器检查	能够正确地对客室扬声器检查	5	
紧急报警器检查	能够正确地对紧急报警器检查	5	
动态地图检查	能够正确地对动态地图检查	5	
媒体服务器检查	能够正确地对媒体服务器检查	5	
触摸屏检查	能够正确地对触摸屏检查	5	
媒体网关检查	能够正确地对媒体网关检查	5	
司机室摄像机检查	能够正确地对司机室摄像机检查	5	
客室摄像机检查	能够正确地对客室摄像机检查	5	
LCD 显示器检查	能够正确地对 LCD 显示器检查	5	
检查紧固件及连接器检查	能够正确地对检查紧固件及连接器检查	5	
清洁司机室广播主机（CPU）	能够正确地清洁司机室广播主机（CPU）	5	
清洗广播控制盒（含话筒）	能够正确地清洗广播控制盒（含话筒）	5	
清洁司机室扬声器（LSP_C）	能够正确地清洁司机室扬声器（LSP_C）	5	
清洁客室广播分机（SPU）	能够正确地清洁客室广播分机（SPU）	5	
清洁客室贯通道显示屏（IDU）	能够正确地清洁客室贯通道显示屏（IDU）	5	

六、思考题

在乘坐地铁过程中，如果遇到乘客晕倒或乘客纠纷，如何操作才可以联系上司机？

车辆虚拟驾驶实训演练

任务一　司机出勤

一、实训目的

（1）掌握出勤任务的标准化流程。

（2）了解出勤前应携带的相关证件和规章制度。

（3）学习操作规程内的相关业务知识。

二、理论链接

1. 出勤注意事项

（1）出勤需提前出勤、准时出乘，严禁迟到、漏乘，请假必须遵循请销假规定。

（2）出勤司机需按照不同季节要求着装。

（3）“四同”作业：同一机班人员同出退勤、同抄注意事项、同执行作业标准化、同开班组会。

（4）认真了解、抄阅有关行车命令、指示及注意事项并透彻理解。对值班人员传达的重要行车命令或通知要及时记录在司机手账，并由值班人员签字确认。

2. 公寓候班制度

如果司机在公寓候班，必须要了解以下公寓候班制度。

（1）公寓候班时，必须严格执行公寓候班管理制度，退勤后严禁外出（特殊情况下要外出时，必须经派班员批准），晚高峰回库司机回库后须及时休息。

（2）公寓候班或借宿期间，禁止饮酒及进行任何娱乐活动或影响他人休息的活动。

（3）爱惜房间内所有用品，使用完毕后应放回原处，离开公寓要随手关灯。

（4）公寓管理员根据出勤表时间叫班，并应根据实际情况相应提前。

（5）出勤表由派班室前一天制定，制定的原则比照时刻表列车的到达基地时间，按照先后顺序排列。如遇运输组织调整，派班员可根据实际情况进行调整。

（6）派班员叫班遵循“一叫、二答、三催、四复查”原则，确保司机准点出勤。

（7）公寓管理员叫班后，司机要立即起床到公寓值班室签名，按时到派班室出勤，离开公寓时关闭空调、照明。

3. 司机站台立岗标准

（1）立正双手呈自然状态放置，面向列车呈 45°瞭望，注意信号和乘客情况。

（2）只有一名值乘人员时，要求司机与车体呈 45°站立，认真监督乘客上车情况和 DTI 时间变化，运行秩序正常时，DTI 显示 15 s 时关闭车门。

（3）若有两名值乘人员，要求同时下车立岗，面向乘客站立。关闭车门时，操作人员与车体呈 45°站立，认真监督乘客上下车情况和 DTI 时间变化。在站停车载客，要求列车开门时间保持 10 s 以上，另一名帮助确认。

（4）遇客流较大，乘客排队候车时，应根据现场情况适当延长开门时间，列车增停 30 秒以上时，及时向行调汇报原因。

4. 司机手账说明

（1）司机手账用于记录司机当天的工作任务，当日有效的调度命令，及通知的注意事项等，如图 2-1-1 所示。

图 2-1-1　司机手账

（2）手账范本。司机在本次值乘任务退勤时填写下个值乘任务，在司机手帐上填写本次值乘任务的退勤时间，下个任务的值乘日期、时间、地点、运行图表号、位置图号等内容，乘务中心值班人员核对无误后在司机手帐上签章并允许退勤。在下次出勤前完成身体状况及当班记事填写。其中当班记事除了要填写本次值乘任务的详细信息外，还要认真阅读并抄录行车注意事项及重要通知，对于长期有效的调度命令或紧急要求，要抄录在手帐的后两页，作为长期参考。填写完成后由乘务中心值班员盖章生效。运行过程中需详细记录本班次内列车安全运行情况，如图 2-1-2 所示。

手帐抄写范本（早班出勤）

值乘人员　张三　李四

出勤日期　2013年6月5日　出勤时间　04:02

出勤地点　万柳　位置图号　平日1早

身体状况　符合安全运营要求

退勤日期　2013年6月4日　值班员签章

当班记事：

接车地点	接车时间	表号	车次	交车时间	地点
万段	4:42	2	2600-2001-2006	5:38	宋
宋	5:52	8	2011-2057	7:36	宋

调度通知（2013）第004号

草桥站—角门西站上行区间，K36+830至K36+320区段，

角门西站—草桥站下行区间，K36+380至K36+890区段，

列车限速40KM/H

此处填写当日有效的调度命令及通知的注意事项

图 2-1-2　司机手账范本

5. 司机报单说明

（1）作用。重点记录乘务人员工作日的运行情况和“运行公里”，包括班组车号、车次、始发站和到达站、始发到达时间、运行情况等。

（2）填写注意事项。按规定格式填写值乘人员姓名、日期、实际始发、到达时刻、“运行公里”；将实际始发、到达时刻及晚点原因记录清楚，如图 2-1-3 所示。

司机报单 2013 年 6 月 30 日

B 班		司 机			副司机	
第 05 轮乘组		副司机			学 员	
车号	表号	车次	始发		到 达	运行情况
	32#	2074	宋 9:00		首 10:28	
		2104	首 10:30		宋 10:45	
	36#	2109	宋 11:04		首 12:31	
		2132	首 12:32		宋 12:48	
	44#	2137	宋 13:14		首 14:42	
		2157	首 14:43		宋 14:58	
	50#	2161	宋 15:19		首 16:47	
		2194	首 16:50		宋 17:05	
						运行列数 运行公里

图 2-1-3　司机报单

6. 司机岗位说明

（1）负责按运营时刻表的要求驾驶电客车，严格执行各项规章制度，确保电客车安全、准点、快捷、舒适地投入服务。保证运营期间行车和人身安全。

（2）司机在正线的行车组织听从行调统一指挥，基地内的行车组织听从由信号楼调度员统一指挥，司机出、退勤及派班管理由派班员负责。

（3）负责确认行车凭证，瞭望前方线路，发现危及行车及人身安全时，立即采取紧急措施。负责正线电客车运行和基地调车、调试作业的安全。

（4）加强自身业务学习，提高应急处理能力，发生突发事件时，及时报告行调，冷静、果断、及时地处理，尽快恢复列车运营。

（5）严格执行标准化作业，监督学员按章作业，确保行车安全。

（6）当班期间遇身体不适，及时转告司机长或派班员，请求协助，避免影响正线服务。发生交路混乱时要确保有车必有人，服从司机长及派班员的安排，确保工作顺利完成。

（7）备用车司机应根据行调指示随时做好开行备用车的准备。

三、实训要求

1. 实训时间

教学课时为 2 课时。

2. 实训形式

以 3 ~ 4 人为一组，分别扮演司机、派班员、司机长、公寓管理员等角色，根据出勤任务的标准化流程进行演示，以达到掌握出勤流程的目的。

3. 安全注意事项

（1）提前准备好自身行车备品（如司机手账等）。
（2）在演示过程中应尽可能还原真实场景，不得随意嬉戏打闹。
（3）提前准备好行车备品包，包括手持台、运营时刻表等。

4. 工器具材料准备

（1）自身行车备品：司机手账、规章文本（故障应急处置操作手册）、司机驾驶证等。

（2）行车备品包：800M 手持台、方孔钥匙、主控钥匙、手电筒、手套、胶带、运营时刻表等。

注：以上不常见物品可以找身边物品代替。

四、实训操作步骤

1. 整体实训过程如图 2-1-4

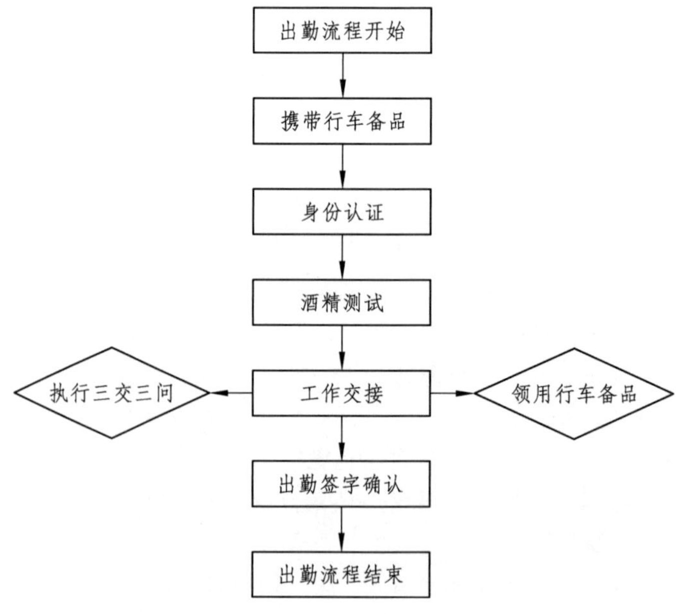

图 2-1-4　出勤流程

2. 实训作业流程（表 2-1-1）

表 2-1-1　实训作业流程

工序	实训内容	具体内容/步骤	作业结果记录
1	出勤前准备	（1）出乘前 8 小时严禁饮酒或服用影响精神状态的药物，做好充好休息。值乘日班交路时，如遇天气原因或路途较远时，司机可提前到公寓候班，保持精力充沛。 （2）上岗按规定着装佩戴领带、肩章、工号牌，衣着整洁。 （3）肩章清洁平整，工号牌佩戴于衣服左口袋上方，工号牌的下边沿与衣服左口袋的口袋盖上沿齐平，工号牌的左边沿与口袋纽扣的左边沿齐直	
2	基地出勤	（1）按规定发车点，带齐自身行车备品（规章文本等）提前 30 分钟到派班室出勤。 （2）身份认证：进行指纹认证、身份识别 （3）酒精测试：接受酒精检测、照片摄录清晰，留存资料。 （4）执行三交三问：交领导指示要求、交行车注意事项、交行车备品；问列车运行情况、问车辆质量情况、问行车规章。抄录有关的运行、安全注意事项，了解值乘列车（车辆）的技术状况、故障记录、车号、停车股道、担当车次、运行方向等，做好安全行车预想。 （5）与派班员交接相关行车备品包（800 M 手持台、方孔钥匙、主控钥匙、手电筒、手套、胶带等）、列车时刻表、司机出库检查确认表、司机报单。 （6）派班员确认司机的精神状态及仪表仪容等符合上岗要求，确认司机明确注意事项后在《司机日志》上签字（盖章）。 白班、夜班司机车场内出勤时，须与正线司机长联系，抄录有关的运行、安全注意事项，了解值乘列车（车辆）的技术状况、故障记录、停车股道、担当车次、运行方向等，了解正线注意事项并抄录在《司机日志》上	
3	正线出勤	（1）正线换乘室出勤时，司机应带齐行车备品，整理好着装，在所担当运行车次接车时间前 20 分钟至正线换乘室出勤。 （2）身份认证：进行指纹认证、身份识别。 （3）酒精测试：接受酒精检测、照片摄录清晰，留存资料。 （4）执行三交三问：交领导指示要求、交行车注意事项、交行车备品；问列车运行情况、问车辆质量情况、问行车规章。抄录有关的运行、安全注意事项，了解正线列车（车辆）的技术状况、故障情况等。 （5）司机长确认司机的精神状态及仪表仪容等符合上岗要求，核对司机注意事项，准确无误后，在《司机日志》上签字（盖章）。 司机完成出勤后，应在所接车次到达时间点 5 分钟前到相应站台端门内，立岗接班。列车到达后，交、接班司机应按照《司机交接班作业标准》做好交接，特别是：调度命令、运行注意事项、车辆状态、行车备品等	

五、实训考核标准（表2-1-2）

表 2-1-2　实训考核标准

序号	考核项目	扣分值	说明
1	规定着装	20 分	着装要整齐简洁，不符合扣分
2	选择携带的行车备品	20 分	错选或者漏项每项扣一次
3	酒精测试	20 分	不通过扣分
4	执行三交三问	20 分	不执行或执行错误扣分
5	选择领用的行车备品	20 分	不通过扣分

六、思考题

（1）司机出勤时执行的“三交三问”指的是什么？

（2）司机出勤时与派班员交接相关行车备品包有哪些物品？

（3）司机手账和司机报单的作用分别是什么？

任务二　电客车司机交接班

一、实训目的

1. 学习电客车司机交接班的流程。
2. 掌握交接班交接内容，了解电客车司机交接班时需要交接的事项。

二、理论链接

1. 交接班作业标准

（1）接班司机须提前 5 分钟到达接车地点等候，并应站在站台安全门端门外侧立岗，带好相关备品面向轨行区立正站好。

（2）列车到站后，由交班司机完成开门作业，再进行对口交接。

（3）交接内容包括调度命令、通知、行车注意事项、列车技术状态、行车备品、其他需要说明的问题。

（4）在折返站司机进行两端驾驶室交接时，接车司机应利用司机室对讲设备或对讲机与交班司机进行交接，交接内容包括确认到达列车的车次、调度命令、通知、行车注意事项、列车技术状态、其他需要说明的问题。

（5）存车线备用车交接时，接班司机在完成交接后进行列车的检查和试验，并向行车调度员报告列车的技术状态。

2. 交接班要求

（1）一听。听交班人员交接运营情况、车辆状况及有效调度、通知命令等事项。
（2）二查。认真查看有关命令、运营情况、车辆状况及行车备品等。
（3）与到达司机进行对口交接。

3. 故障记录单

故障记录单是随着列车而行，在司机交接班时应交接清楚，如图 2-2-1 所示。

列车故障记录单

<table>
<tr><td>序号</td><td colspan="2"></td><td>车辆状态</td><td>车辆模式</td><td>气候条件</td><td>干燥 □　潮湿 □</td></tr>
<tr><td rowspan="6">1</td><td>车次号</td><td></td><td rowspan="6">牵引□
制动□
惰行□
停车□</td><td rowspan="6">ATO□
ATP□
ATB□
RMR□
RMF□
NRM□</td><td colspan="2" rowspan="6">故障描述：

报告人：__________</td></tr>
<tr><td>车辆号</td><td></td></tr>
<tr><td>故障时间</td><td></td></tr>
<tr><td>故障区间</td><td></td></tr>
<tr><td>故障等级</td><td></td></tr>
<tr><td>行驶速度</td><td></td></tr>
</table>

图 2-2-1　列车故障记录单

三、实训要求

1. 实训时间

教学课时为 1 课时。

2. 实训形式

以 2 人为 1 组，分别扮演交班司机和接班司机角色，演示电客车司机交接班流程，以达到掌握司机交接班作业的目的。

3. 安全注意事项

（1）需要提前了解电客车司机交接班的基础知识。
（2）在演示过程中应尽可能还原真实场景，不得随意嬉戏打闹。

4. 工器具材料准备

提前准备交接的内容，包括车次、列车状况、线路情况、行调命令、行车备品、其他有必要交接的事项等。

注：以上不常见物品可以找身边物品代替。

四、实训操作步骤

1. 整体实训过程（图 2-2-2 所示）

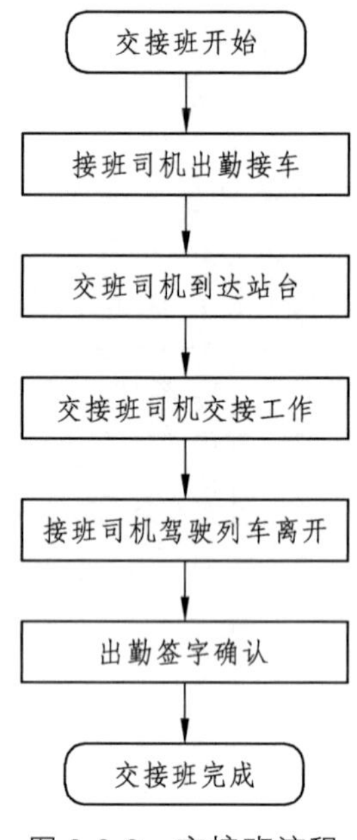

图 2-2-2　交接班流程

2. 实训作业流程（表 2-2-1）

表 2-2-1　实训作业流程

工序	实训内容	具体步骤	作业结果记录
1	正线出勤站台交接班作业	（1）正线出勤司机到达出勤室抄写完“出勤注意事项”，并在司机长处出完勤后，提前 5 min 到达指定地点接车。 （2）接车司机站在黄线外侧，面向来车方向立正。正线退勤司机驾驶列车到达正线出勤站站台，到达司机出司机室开门作业时，接车司机向到达司机敬礼，到达司机向接车司机回礼，礼毕后交接车次、列车运行情况、车辆设备情况、行车备品、行调发布的调令及其他行车注意事项等。到达司机下车站于黄线外侧，两人共同确认乘客上、下完毕，无夹人夹物客室门与站台门空隙安全。 （3）交接完毕后，由接车司机负责关门作业。到达司机站于黄线外立岗，目送列车驶离站台后，到达司机方可离开	
2	折返线交接班作业	列车进入折返线停妥后，到达司机通过司机室对讲与接车司机交接班，交接的内容有：列车车次；列车、线路、行车相关设备设施的状态；行调的命令、行车备品；其它行车安全注意事项。 注：到达司机下车到换乘室待令，原则上不能随意离开换乘室。下班司机必须等接班司机到达并进行对口交接后才可以到司机长处退勤	

五、实训考核标准（表2-2-2）

表 2-2-2　交班司机表考核

序号	考核项目	扣分值	说明
1	进站停稳，车门打开后，确认站台门、车门开启	10 分	车站未停稳、车门未开启就起身，则扣分
2	交接列车车次	15 分	未交接扣分
3	交接列车运行情况	15 分	未交接扣分
4	交接车辆设备情况	15 分	未交接扣分
5	交接行车备品	15 分	未交接扣分
6	交接行调命令	15 分	未交接扣分
7	列车安全离开站台后，交班司机方可离开	15 分	未等列车出站就离开，则扣分

表 2-2-3　接班司机表考核

序号	考核项目	扣分值	说明
1	提前到达指定地点接车	10 分	未提前到达则扣分
2	交接列车车次	15 分	未交接扣分
3	交接列车运行情况	15 分	未交接扣分
4	交接车辆设备情况	15 分	未交接扣分
5	交接行车备品	15 分	未交接扣分
6	交接行调命令	15 分	未交接扣分
7	列车安全离开站台后，交班司机方可离开	15 分	未等列车出站就离开，则扣分

六、思考题

（1）交接班司机都需要交接哪些内容?

（2）交接班要求是什么?

任务三　停车场内试车作业

一、实训目的

（1）掌握停车场内试车作业的标准化流程。

（2）掌握试车作业的要求。

（3）学习城市轨道交通试车作业的相关业务知识。

二、理论链接

1. 试车进行作业中安全事项

（1）电客列车在试车线进行牵引制动实验时，最高限速 65km/h，司机应对制动距离进行充分预测。

（2）严禁制动距离不足时进行牵引/制动实验。

（3）试车线调试须由两名司机完成，一名司机操作，一名司机监护。监护司机必须在司机室对操作司机进行监护，严禁在通道门或客室逗留，调试时监护司机认真对调试线路进行瞭望，发现危及行车和人身安全的隐患时，及时采取紧急制动措施停车。

2. 调试原则

严格执行“单一指挥”原则。调试列车具备动车条件时，由调试负责人向动车指挥人下达动车命令，动车指挥人向调试司机下达动车指令，调试司机得到动车指挥人动车指令并确认符合动车条件后方可动车。没有调试动车指挥人或调试动车指挥人不明确时严禁动车。调试过程中调试司机服从调试负责人管理。

调试动车指令须由动车指挥人在操作端司机室内向调试司机下达，严禁他人代为传达。调试过程中，调试动车指挥人指令不明确，不符合调试相关规定或存在安全隐患时，司机有权拒绝动车，并说明原因。

调试过程中，有 ATP 保护的调试作业，调试司机严格按照推荐速度或信号显示，听从动车指挥人指令动车，加强推荐速度与实际距离确认；无 ATP 保护的调试作业，原则上调试速度不得超过正线切除 ATP 运行的速度，调试方案或调试作业单有要求的除外。

3. 调试作业关键点

在试车线进行夜间调试作业时，司机须确认试车线照明是否开启，如因未开启照明而造成瞭望条件不佳时，司机有权不进行调试作业。

遇天气不良或在夜间试车线作业时，调试司机要正确掌握列车速度和制动时机，控制起步加速点和制动点，加强瞭望，发现异常情况，及时采取有效措施。因天气、照明等条件不利因素造成能见度小于 100 m 时严禁进行试车线调试作业。

ATO 模式下进入试车线两端尽头模拟车站处，加强实际距离与目标距离的监控，注意推荐速度的变化情况，防止列车冲标。遇推荐速度突变或列车打滑等突发情况时，及时采取有效措施。

无 ATP 保护的车辆调试时，列车距试车线终点 150 m 时速度不得大于 20 km/h，在 100 m 标处必须停车，遇特殊情况必须进入 100 m 时要停车后以不超过 10 km/h 的速度进入，动至线路 30 m 标处必须停车，不得越过 30 m 标，确保安全。

调试过程中需要后退操作的，调试司机须向信号楼“问路”，司机须换端操作或安排胜任人员在后端司机室瞭望，调试负责人与信号楼调度确认具备条件后方可后退。

原则上，试车线调试列车需要在 100 m 标处停车换端，确保两端均有足够的安全距离，调试作业有要求的除外。

调试作业过程中，严禁闲谈，集中精力，尽头线停车掌握制动时机。

雨雪冰冻天气，不得使用 ATO 模式驾驶，人工驾驶时注意提前制动，防止冲标。

三、实训要求

1. 实训时间

教学课时为 2 课时。

2. 实训形式

以 3～4 人为一组，分别扮演交信号楼值班员、驾驶员、调试负责人等角色，演示城市轨道交通试车作业的流程，以达到掌握司机试车作业的目的。

3. 安全注意事项

（1）需要提前了解了，城市轨道交通停车场内试车作业的基础知识。

（2）在演示过程中应尽可能还原真实场景，不得随意嬉戏打闹。

四、实训操作步骤

1. 整体实训过程（图 2-3-1）

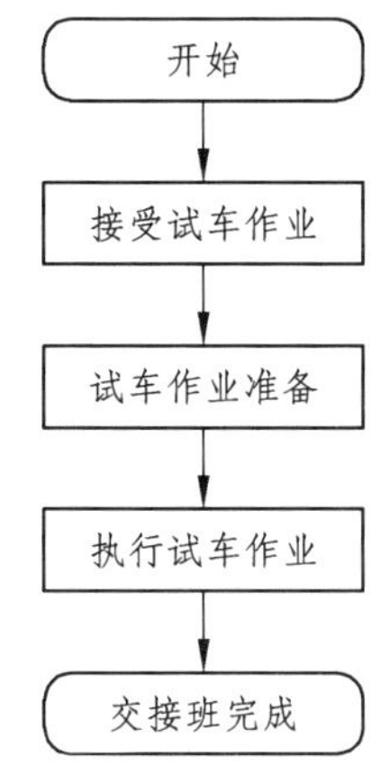

图 2-3-1　试车作业流程

2. 实训作业流程（表 2-3-1）

表 2-3-1　实训作业流程

工序	实训内容	具体步骤	作业结果记录
1	接受试车命令	司机至运转值班室接受调试任务，确认《试车线调试交底单》内容符合相关要求后签字，至调试列车进行检车作业。 按电客列车司机检车作业标准检车（按出乘检车作业标准执行）。 检车完毕与信号楼值班员联系，并根据调车信号机的显示及信号楼值班员指令动车	

续表

工序	实训内容	具体步骤	作业结果记录
2	试车作业前准备	根据调车信号机的显示及信号楼值班员指令运行至试车线，在停车场内到试车线试车时，驾驶员应凭运转值班员发布的工作单或口头命令执行试车任务，并掌握调试列车的车号、停放股道、技术状态及调试要求，试车由两名驾驶员担当调试工作，一般情况下，严禁利用场线及停车库线进行试车作业。 试车作业前，驾驶员必须向调试负责人了解具体调试交底内容，如驾驶员了解不清或试车作业内容违反有关安全行车的规定，驾驶员可拒绝其试车要求	
3	试车作业执行	当列车调至试车线后，驾驶员必须按停车场试车线有关作业规定，在指定地点停车，并凭允许试车信号开放及与信号楼值班员呼唤应答（驾驶员：试车线进路正确，信号楼值班员：试车线进路正确；动作——五指并拢，并伸直手臂，指向调车信号机，呼唤——信号正确，指向道岔开通方向，呼唤——道岔位置正确），方能进行试车。 列车到达试车线后，驾驶员必须先对试车线进行一次往返压道作业，限速为20 km/h，确认线路与车辆制动情况正常；当试车车速大于60 km/h，驾驶员应将列车调至线路端头规定位置，确保满足试车的制动安全距离与线路最高限速；夜间试车、接近线路尽头或轮轨粘着条件差时，应加强瞭望，适当降低速度和提前采取制动措施，确保试车安全	
4	试车作业完毕	试车完毕后，驾驶员应将列车行驶至规定位置，并向信号楼值班员申请回库（驾驶员：试车线列车申请回库。信号楼值班员：试车线列车回停车库××道。驾驶员复诵：试车线列车驾驶员明白，回停车库××道，待回库调车信号开放后。驾驶员：信号楼试车线回库信号开放。信号楼值班员：试车线至××线信号开放可以动车。驾驶员复诵：试车线至××线信号开放可以动车。动作——五指并拢，并伸直手臂，指向调车信号机，呼唤——信号正确，指向道岔开通方向，呼唤——道岔位置正确），方可动车	

五、实训考核标准（表2-3-2）

表 2-3-2　实训考核标准

序号	考核项目	扣分值	说明
1	接受调试任务后检车	20 分	不检车扣分
2	根据调车信号机运行至试车线	16 分	忽视调车信号机扣分
3	了解具体调试交底内容	16 分	不清楚调试交底信息扣分
4	在停车场指定地点停车	16 分	停车错误扣分
5	试车前进行往返压道作业	16 分	不执行扣分
6	申请回库	16 分	不申请直接回库扣分

六、思考题

（1）在试车作业前必须要做哪些准备（至少说出 4 条）？

（2）试车作业流程是什么？

任务四　出乘前静态检查作业

一、实训目的

（1）掌握列车头部、车钩的静态检查内容。

（2）掌握列车下部及外部检查内容。

（3）掌握客室及司机室静态检查内容。

（4）掌握出乘前静态检查作业的标准化流程。

二、理论链接

1. 静态检查目的

为了确认列车技术状态是否良好，充分发挥列车各项技术性能，使列车顺利完成安全正点、优质服务客运任务，要求接班司机对列车进行全面检查，以便司机掌握列车技术状态，同时，及时发现列车不良状态，及时报修，在整备时间内排除故障，保证列车以运用状态投入运营。

2. 列车检查顺序（图 2-4-1）

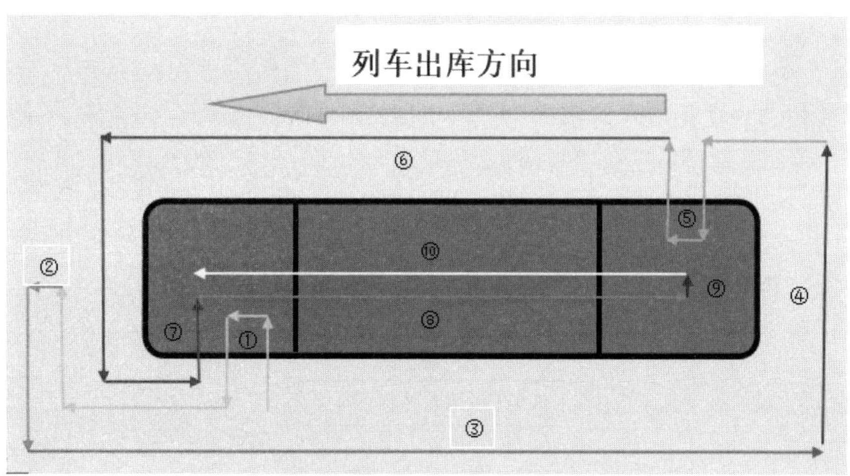

图 2-4-1　列车检查顺序

①四确认（确认股道、车组号符合“客车状态记录卡”、列车两端无警示标志、列车两端无异物侵限）；②出库端列车头部及车钩检查；③左侧车底静态检查；④非出库端列车头部检查；⑤确认非出库端无禁动牌，蘑菇按钮未拍下+司机室静态检查；⑥右侧车底静态检查；⑦出库端司机室静态检查+唤醒+升弓+动态检查；⑧客室静态检查；⑨非出库端动态检查；⑩回到出库端填写故障记录单和司机报单+联系信号楼出库。

注：其中⑦和⑨为动态检查。

3. 静态检查作业注意事项

（1）司机在列检库到达规定的股道后，先进行“四确认”。

（2）列车检查作业时，应注意人身安全，严禁跳跃地沟。

（3）按先静态后动态的原则做好列车静态检查和动静态测试，检车作业一般限定为 30 分钟。

（4）作业中，检查触动的各阀、开关、按钮、手柄应恢复定位；各防护罩、盖板、柜门等应恢复原状。

（5）司机检测到任何影响正常运营的列车故障应及时向信号楼汇报。

三、实训要求

1. 实训时间

教学课时为 2 课时。

2. 实训形式

电脑实训系统模拟实训。

3. 安全注意事项

（1）要提前了解电客车出乘前静态检查作业的基本流程。

（2）电脑只允许打开实训系统，不得进行其他操作。

四、实训作业流程

1. 整体实训过程（图 2-4-2）

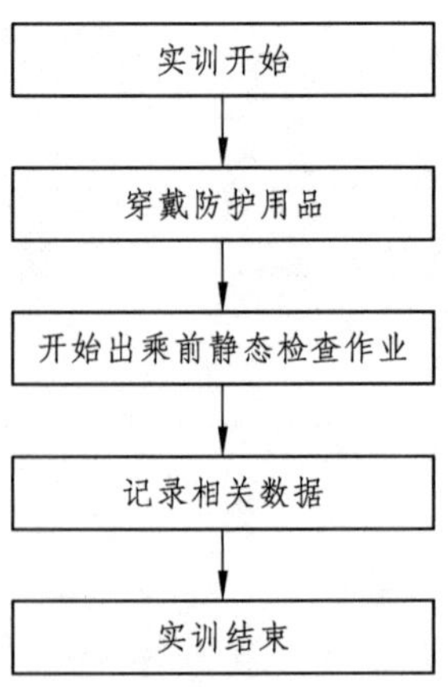

图 2-4-2　实训操作流程

2. 实训作业流程（表 2-4-1）

表 2-4-1　实训作业流程

工序		实训内容	作业结果记录
1	准备工作	找到对应列车后，先做到“四确认”： （1）确认股道，列车及接触网送电情况。 （2）确认两侧及地沟无人或无障碍物侵入限界。 （3）确认前方进路无人或无障碍物侵入限界。 （4）确认列车驾驶室内无“禁动牌”，司机室前部无红闪灯或“禁动牌”	
2	头部检查	（1）车体外壳正常。 （2）运营灯完好。 （3）两块前挡风玻璃完好。 （4）雨刮器完好。 （5）尾灯完好。 （6）大灯完好。 （7）防爬器完好。 （8）整流罩完好。 （9）自动车钩在对中位。 （10）车体无倾斜	
3	车钩检查	（1）全自动车钩外观完好。 （2）各电路风管路连接正常。 （3）电器连接盒盖关闭。 （4）钩舌位置正确。 （5）电器盒控制风缸阀门打开	
4	车体下部及外部检查	（1）A 车。车体表面、各门、窗正常；总风管截断阀、喇叭截断阀、解钩截断阀阀门位置正确；应答器天线安装牢固；雷达安装牢固；喷油器压力控制阀门位置正确；轮缘润滑装置安装牢固、无泄漏；转向架下无止轮器；转向架构架完好；轮毂踏面无擦伤；闸瓦无裂纹；一系减震圆弹簧无裂纹；一系垂向油压减震器外观完好、无漏油；接地线安装牢固；空气弹簧外观完好、无泄漏；二系垂向油压减震器外观完好、无漏油；各空气管路连接正常、无泄漏；高度调整杆完好；速度传感器接线无松脱；空压机安装牢固、油位正常；Gateway（网管阀门）、Smart（智能阀）外观完好、各接线无松脱，管路无泄漏；B11、B04、L06、B05.01、B05.02 阀门位置正确；总风缸、制动风缸、悬挂风缸安装牢固、无泄漏；低压箱安装牢固、箱门锁闭正常；蓄电池箱安装牢固、箱门锁闭正常；AB 箱安装牢固，通风口锁闭正常、无堵塞；半永久型牵引杆连接正常，遮蓬无破损，各跨接线无松脱。 （2）B 车。车体表面、各门、窗正常；转向架构架完好；轮毂踏面无擦伤；闸瓦无裂纹；一系减震圆弹簧无裂纹；一系垂向油压减震器外观完好、无漏油；接地线安装牢固；空气弹簧外观完好、无泄漏；二系垂向油压减震器外观完好、无漏油；各空气管路连接正常、无泄漏；高度调整杆完好；速度传感器接线无松脱；Smart、Smart 阀外观完好、各接线无松脱，管路无泄漏；B11、B04、L06、B05.01、B05.02 阀门位置正确；总风缸、制动风缸、悬挂风缸安装牢固、无泄漏；低压箱安装牢固、箱门锁闭正常；PH 箱安装牢固，通风口锁闭正常、无堵塞；制动电阻箱安装牢固，通风口无堵塞；牵引、辅助电抗器安装牢固；半永久型牵引杆连接正常，遮蓬无破损，各跨接线无松脱	

续表

工序	实训内容		作业结果记录
4	车体下部及外部检查	（3）C车。车体表面、各门、窗正常；转向架构架完好；轮毂踏面无擦伤；闸瓦无裂纹；一系减震圆弹簧无裂纹；一系垂向油压减震器外观完好、无漏油；接地线安装牢固；空气弹簧外观完好、无泄漏；二系垂向油压减震器外观完好、无漏油；各空气管路连接正常、无泄漏；高度调整杆完好；速度传感器接线无松脱；Smart、Gateway阀外观完好、各接线无松脱，管路无泄漏；B11、B04、L06、B05.01、B05.02阀门位置正确；总风缸、制动风缸、悬挂风缸安装牢固、无泄漏；低压箱安装牢固、箱门锁闭正常；PA箱安装牢固，通风口锁闭正常、无堵塞；辅助电抗器、辅助熔断器安装牢固；制动电阻箱安装牢固，通风口无堵塞；半自动车钩连接正常，遮蓬无破损，各跨接线无松脱	
5	客室检查	（1）客室设备柜门（含二位端）关闭，制动隔离阀（B05.03）柜门锁闭正常。 （2）地板、座椅、屏风、扶手、贯通道、IDU、LCD电视、LED动态地图显示器外观良好。 （3）灭火器材齐全	
6	司机室检查	（1）检查司机室各门完好（司机室侧门、逃生门、隔间门）。 （2）控制台上各按钮、指示灯正常、各显示屏外观良好。 （3）设备柜内开关、保险位置正确。 （4）灭火器材齐全	

五、实训考核标准

1. 车体下部及外部检查（表2-4-2）

表2-4-2 实训考核标准（共79分）

序号	检查内容	执行标准	配分	得分
1	第6节车：运行灯	眼看、手指被检查的设备，口呼："运行灯良好（或异常）"	1	
2	第6节车：头灯/尾灯	眼看、手指被检查的设备，口呼："头灯/尾灯良好（或异常）"	1	
3	第6节车：自动车钩	眼看、手指被检查的设备，口呼："自动车钩良好（或异常）"	1	
4	第6节车：车体外观	眼看、手指被检查的设备，口呼："车体外观良好（或异常）"	1	
5	第6节车：后端线路	眼看、手指被检查的设备，口呼："轨面无异物（或轨面有异物）"	1	
6	第6节车：后端转向架	眼看、手指被检查的设备，口呼："转向架良好（或异常）"	1	
7	第6节车：网关阀	眼看、手指被检查的设备，口呼："网关阀良好（或异常）"	1	

续表

序号	检查内容	执行标准	配分	得分
8	第 6 节车：后端附加风缸	眼看、手指被检查的设备，口呼："附加风缸良好（或异常）"	1	
9	第 6 节车：制动电阻	眼看、手指被检查的设备，口呼："制动电阻良好（或异常）"	1	
10	第 6 节车：牵引逆变器	眼看、手指被检查的设备，口呼："牵引逆变器良好（或异常）"	1	
11	第 6 节车：辅助逆变器	眼看、手指被检查的设备，口呼："辅助逆变器良好（或异常）"	1	
12	第 6 节车：前端附加风缸	眼看、手指被检查的设备，口呼："附加风缸良好（或异常）"	1	
13	第 6 节车：前端线路	眼看、手指被检查的设备，口呼："轨面无异物(或轨面有异物)"	1	
14	第 6 节车：前端转向架	眼看、手指被检查的设备，口呼："转向架良好（或异常）"	1	
15	5、6 车连接处：半永久车钩	眼看、手指被检查的设备，口呼："半永久车钩良好（或异常）"	1	
16	第 5 节车：车体外观	眼看、手指被检查的设备，口呼："车体外观良好（或异常）"	1	
17	第 5 节车：后端线路	眼看、手指被检查的设备，口呼："轨面无异物(或轨面有异物)"	1	
18	第 5 节车：后端转向架	眼看、手指被检查的设备，口呼："转向架良好（或异常）"	1	
19	第 5 节车：智能阀	眼看、手指被检查的设备，口呼："智能阀良好（或异常）"	1	
20	第 5 节车：后端附加风缸	眼看、手指被检查的设备，口呼："附加风缸良好（或异常）"	1	
21	第 5 节车：辅助逆变器	眼看、手指被检查的设备，口呼："辅助逆变器良好（或异常）"	1	
22	第 5 节车：蓄电池箱	眼看、手指被检查的设备，口呼："蓄电池箱良好（或异常）"	1	
23	第 5 节车：风源模块	眼看、手指被检查的设备，口呼："风源模块良好（或异常）"	1	
24	第 5 节车：高压箱	眼看、手指被检查的设备，口呼："高压箱良好（或异常）"	1	
25	第 5 节车：前端附加风缸	眼看、手指被检查的设备，口呼："附加风缸良好（或异常）"	1	

续表

序号	检查内容	执行标准	配分	得分
26	第 5 节车：前端线路	眼看、手指被检查的设备，口呼："轨面无异物（或轨面有异物）"	1	
27	第 5 节车：前端转向架	眼看、手指被检查的设备，口呼："转向架良好（或异常）"	1	
28	4、5 车连接处：半永久车钩	眼看、手指被检查的设备，口呼："半永久车钩良好（或异常）"	1	
29	第 4 节车：车体外观	眼看、手指被检查的设备，口呼："车体外观良好（或异常）"	1	
30	第 4 节车：后端线路	眼看、手指被检查的设备，口呼："轨面无异物（或轨面有异物）"	1	
31	第 4 节车：后端转向架	眼看、手指被检查的设备，口呼："转向架良好（或异常）"	1	
32	第 4 节车：智能阀	眼看、手指被检查的设备，口呼："智能阀良好（或异常）"	1	
33	第 4 节车：后端附加风缸	眼看、手指被检查的设备，口呼："附加风缸良好（或异常）"	1	
34	第 4 节车：制动电阻	眼看、手指被检查的设备，口呼："制动电阻良好（或异常）"	1	
35	第 4 节车：牵引逆变器	眼看、手指被检查的设备，口呼："牵引逆变器良好（或异常）"	1	
36	第 4 节车：辅助逆变器	眼看、手指被检查的设备，口呼："辅助逆变器良好（或异常）"	1	
37	第 4 节车：前端附加风缸	眼看、手指被检查的设备，口呼："附加风缸良好（或异常）"	1	
38	第 4 节车：前端线路	眼看、手指被检查的设备，口呼："轨面无异物（或轨面有异物）"	1	
39	第 4 节车：前端转向架	眼看、手指被检查的设备，口呼："转向架良好（或异常）"	1	
40	3、4 车连接处：半自动车钩	眼看、手指被检查的设备，口呼："半自动车钩良好（或异常）"	1	
41	第 3 节车：车体外观	眼看、手指被检查的设备，口呼："车体外观良好（或异常）"	1	
42	第 3 节车：后端线路	眼看、手指被检查的设备，口呼："轨面无异物（或轨面有异物）"	1	

续表

序号	检查内容	执行标准	配分	得分
43	第 3 节车：后端转向架	眼看、手指被检查的设备，口呼："转向架良好（或异常）"	1	
44	第 3 节车：网关阀	眼看、手指被检查的设备，口呼："网关阀良好（或异常）"	1	
45	第 3 节车：后端附加风缸	眼看、手指被检查的设备，口呼："附加风缸良好（或异常）"	1	
46	第 3 节车：辅助逆变器	眼看、手指被检查的设备，口呼："辅助逆变器良好（或异常）"	1	
47	第 3 节车：牵引逆变器	眼看、手指被检查的设备，口呼："牵引逆变器良好（或异常）"	1	
48	第 3 节车：主风缸（制动模块）	眼看、手指被检查的设备，口呼："主风缸良好（或异常）"	1	
49	第 3 节车：低压箱	眼看、手指被检查的设备，口呼："低压箱良好（或异常）"	1	
50	第 3 节车：前端附加风缸	眼看、手指被检查的设备，口呼："附加风缸良好（或异常）"	1	
51	第 3 节车：前端线路	眼看、手指被检查的设备，口呼："轨面无异物（或轨面有异物）"	1	
52	第 3 节车：前端转向架	眼看、手指被检查的设备，口呼："转向架良好（或异常）"	1	
53	2、3 车连接处：半永久车钩	眼看、手指被检查的设备，口呼："半永久车钩良好（或异常）"	1	
54	第 2 节车：车体外观	眼看、手指被检查的设备，口呼："车体外观良好（或异常）"	1	
55	第 2 节车：后端线路	眼看、手指被检查的设备，口呼："轨面无异物（或轨面有异物）"	1	
56	第 2 节车：后端转向架	眼看、手指被检查的设备，口呼："转向架良好（或异常）"	1	
57	第 2 节车：智能阀	眼看、手指被检查的设备，口呼："智能阀良好（或异常）"	1	
58	第 2 节车：后端附加风缸	眼看、手指被检查的设备，口呼："附加风缸良好（或异常）"	1	
59	第 2 节车：低压箱	眼看、手指被检查的设备，口呼："低压箱良好（或异常）"	1	
60	第 2 节车：主风缸（制动模块）	眼看、手指被检查的设备，口呼："主风缸良好（或异常）"	1	

续表

序号	检查内容	执行标准	配分	得分
61	第 2 节车：风源模块	眼看、手指被检查的设备，口呼："风源模块良好（或异常）"	1	
62	第 2 节车：蓄电池箱	眼看、手指被检查的设备，口呼："蓄电池箱良好（或异常）"	1	
63	第 2 节车：辅助逆变器	眼看、手指被检查的设备，口呼："辅助逆变器良好（或异常）"	1	
64	第 2 节车：前端附加风缸	眼看、手指被检查的设备，口呼："附加风缸良好（或异常）"	1	
65	第 2 节车：前端线路	眼看、手指被检查的设备，口呼："轨面无异物（或轨面有异物）"	1	
66	第 2 节车：前端转向架	眼看、手指被检查的设备，口呼："转向架良好（或异常）"	1	
67	1、2 车连接处：半永久车钩	眼看、手指被检查的设备，口呼："半永久车钩良好（或异常）"	1	
68	第 1 节车：车体外观	眼看、手指被检查的设备，口呼："车体外观良好（或异常）"	1	
69	第 1 节车：后端线路	眼看、手指被检查的设备，口呼："轨面无异物（或轨面有异物）"	1	
70	第 1 节车：后端转向架	眼看、手指被检查的设备，口呼："转向架良好（或异常）"	1	
71	第 1 节车：智能阀	眼看、手指被检查的设备，口呼："智能阀良好（或异常）"	1	
72	第 1 节车：后端附加风缸	眼看、手指被检查的设备，口呼："附加风缸良好（或异常）"	1	
73	第 1 节车：辅助逆变器	眼看、手指被检查的设备，口呼："辅助逆变器良好（或异常）"	1	
74	第 1 节车：牵引逆变器	眼看、手指被检查的设备，口呼："牵引逆变器良好（或异常）"	1	
75	第 1 节车：主风缸（制动模块）	眼看、手指被检查的设备，口呼："主风缸良好（或异常）"	1	
76	第 1 节车：低压箱	眼看、手指被检查的设备，口呼："低压箱良好（或异常）"	1	
77	第 1 节车：前端附加风缸	眼看、手指被检查的设备，口呼："附加风缸良好（或异常）"	1	
78	第 1 节车：前端线路	眼看、手指被检查的设备，口呼："轨面无异物（或轨面有异物）"	1	
79	第 1 节车：前端转向架	眼看、手指被检查的设备，口呼："转向架良好（或异常）"	1	

以上步骤没有执行或执行错误均扣分。

2. 司机室检查（表 2-4-3）

表 2-4-3 实训考核标准（共 18 分）

序号	检查内容	执行标准	配分	得分
1	司机控制器	眼看、手指“司机控制器”，口呼：“司控器完整无缺，动作灵活无卡滞现象，警惕按钮作用良好”	1	
2	无线电面板（车载电台）	眼看、手指“无线电面板（车载电台）”，口呼：“无线电良好”	1	
3	ATC 显示屏	眼看、手指“ATC 显示屏”，口呼：“ATC 显示屏良好”	1	
4	车辆显示屏	眼看、手指“车辆显示屏”，口呼：“车辆显示屏良好”	1	
5	仪表面板	眼看、手指“仪表面板”，口呼：“仪表外罩完整、无破裂，显示正确”	1	
6	主控面板	眼看、手指“主控面板”，口呼：“指示灯、开关，外罩完整、显示正确、位置正确”	1	
7	驾驶面板	眼看、手指“驾驶面板”，口呼：“指示灯、开关，外罩完整、显示正确”	1	
8	PIDS 显示屏	眼看、手指“PIDS 显示屏”，口呼：“PIDS 显示屏良好”	1	
9	左侧车门面板	眼看、手指“左侧车门面板”，口呼：“指示灯、开关，外罩完整、显示正确”	1	
10	右侧车门面板	眼看、手指“右侧车门面板”，口呼：“指示灯、开关，外罩完整、显示正确”	1	
11	驾驶台备品柜	眼看、手指“驾驶台备品柜”，口呼：“备品柜备品齐全，功能良好”	1	
12	灭火器	眼看、手指“灭火器”，口呼：“灭火器良好”	1	
13	前窗玻璃	眼看、手指“前窗玻璃”，口呼：“清洁，无损坏，刮雨器完整，遮光板良好”	1	
14	司机室左侧门	眼看、手指“司机室左侧门”，口呼：“侧门锁闭良好，动作灵活”	1	
15	司机室右侧门	眼看、手指“司机室右侧门”，口呼：“侧门锁闭良好，动作灵活”	1	
16	司机室继电器柜	眼看、手指继电器柜，口呼：“继电器柜内所有开关位置正确（或继电器柜内有开关位置错误）。” 若有开关未在正确位置需将其打至正确位置，然后再次眼看、手指继电器柜，口呼：“继电器柜内所有开关位置正确”	1	
17	司机室设备柜	眼看、手指设备柜，口呼：“设备柜良好”	1	
18	司机室通道门	眼看、手指司机室通道门，口呼：“通道门锁闭良好，动作灵活”	1	

以上步骤没有执行或执行错误均扣分。

3. 客室检查（表 2-4-4）

表 2-4-4 实训考核标准表（共 53 分）

序号	检查内容	执行标准	配分	得分
1	A 车：天花板	眼看、手指被检查的设备，口呼："天花板良好（或异常）"	1	
2	A 车：地板	眼看、手指被检查的设备，口呼："地板良好（或异常）"	1	
3	A 车：门窗玻璃	眼看、手指被检查的设备，口呼："门窗玻璃良好（或异常）"	1	
4	A 车：照明	眼看、手指被检查的设备，口呼："照明良好（或异常）"	1	
5	A1 部位车门（左侧）	眼看、手指被检查的设备，口呼："车门良好（或异常）"	1	
6	A1 部位车门（右侧）	眼看、手指被检查的设备，口呼："车门良好（或异常）"	1	
7	A1 部位紧急开门装置（左侧）	眼看、手指被检查的设备，口呼："紧急开门装置良好（或异常）"	1	
8	A1 部位紧急开门装置（右侧）	眼看、手指被检查的设备，口呼："紧急开门装置良好（或异常）"	1	
9	A1 部位动态地图（左侧）	眼看、手指被检查的设备，口呼："动态地图良好（或异常）"	1	
10	A1 部位动态地图（右侧）	眼看、手指被检查的设备，口呼："动态地图良好（或异常）"	1	
11	A1 部位 LCD 屏（左侧）	眼看、手指被检查的设备，口呼："LCD 屏良好（或异常）"	1	
12	A1 部位 LCD 屏（右侧）	眼看、手指被检查的设备，口呼："LCD 屏良好（或异常）"	1	
13	A1 部位拉手（中部）	眼看、手指被检查的设备，口呼："拉手良好（或异常）"	1	
14	A1 部位座椅（左侧）	眼看、手指被检查的设备，口呼："座椅良好（或异常）"	1	
15	A1 部位座椅（右侧）	眼看、手指被检查的设备，口呼："座椅良好（或异常）"	1	
16	A1 部位灭火器（座椅下）	眼看、手指被检查的设备，口呼："灭火器良好（或异常）"	1	
17	A1 部位紧急通话器	眼看、手指被检查的设备，口呼："紧急通话器良好（或异常）"	1	
18	A2 部位车门（左侧）	眼看、手指被检查的设备，口呼："车门良好（或异常）"	1	
19	A2 部位车门（右侧）	眼看、手指被检查的设备，口呼："车门良好（或异常）"	1	
20	A2 部位紧急开门装置（左侧）	眼看、手指被检查的设备，口呼："紧急开门装置良好（或异常）"	1	
21	A2 部位紧急开门装置（右侧）	眼看、手指被检查的设备，口呼："紧急开门装置良好（或异常）"	1	

续表

序号	检查内容	执行标准	配分	得分
22	A2 部位动态地图（左侧）	眼看、手指被检查的设备，口呼：“动态地图良好（或异常）”	1	
23	A2 部位动态地图（右侧）	眼看、手指被检查的设备，口呼：“动态地图良好（或异常）”	1	
24	A2 部位 LCD 屏（左侧）	眼看、手指被检查的设备，口呼：“LCD 屏良好（或异常）”	1	
25	A2 部位 LCD 屏（右侧）	眼看、手指被检查的设备，口呼：“LCD 屏良好（或异常）”	1	
26	A2 部位拉手（中部）	眼看、手指被检查的设备，口呼：“拉手良好（或异常）”	1	
27	A2 部位座椅（左侧）	眼看、手指被检查的设备，口呼：“座椅良好（或异常）”	1	
28	A2 部位座椅（右侧）	眼看、手指被检查的设备，口呼：“座椅良好（或异常）”	1	
29	A2 部位 B05 盖板（座椅下）	眼看、手指被检查的设备，口呼：“B05 盖板良好（或异常）”	1	
30	A3 部位车门（左侧）	眼看、手指被检查的设备，口呼：“车门良好（或异常）”	1	
31	A3 部位车门（右侧）	眼看、手指被检查的设备，口呼：“车门良好（或异常）”	1	
32	A3 部位紧急开门装置（左侧）	眼看、手指被检查的设备，口呼：“紧急开门装置良好（或异常）”	1	
33	A3 部位紧急开门装置（右侧）	眼看、手指被检查的设备，口呼：“紧急开门装置良好（或异常）”	1	
34	A3 部位动态地图（左侧）	眼看、手指被检查的设备，口呼：“动态地图良好（或异常）”	1	
35	A3 部位动态地图（右侧）	眼看、手指被检查的设备，口呼：“动态地图良好（或异常）”	1	
36	A3 部位 LCD 屏（左侧）	眼看、手指被检查的设备，口呼：“LCD 屏良好（或异常）”	1	
37	A3 部位 LCD 屏（右侧）	眼看、手指被检查的设备，口呼：“LCD 屏良好（或异常）”	1	
38	A3 部位拉手（中部）	眼看、手指被检查的设备，口呼：“拉手良好（或异常）”	1	
39	A3 部位座椅（左侧）	眼看、手指被检查的设备，口呼：“座椅良好（或异常）”	1	
40	A3 部位座椅（右侧）	眼看、手指被检查的设备，口呼：“座椅良好（或异常）”	1	
41	A3 部位灭火器（座椅下）	眼看、手指被检查的设备，口呼：“灭火器良好（或异常）”	1	

续表

序号	检查内容	执行标准	配分	得分
42	A3部位紧急通话器（右侧）	眼看、手指被检查的设备，口呼：“紧急通话器良好（或异常）”	1	
43	A4部位车门（左侧）	眼看、手指被检查的设备，口呼：“车门良好（或异常）”	1	
44	A4部位车门（右侧）	眼看、手指被检查的设备，口呼：“车门良好（或异常）”	1	
45	A4部位紧急开门装置（左侧）	眼看、手指被检查的设备，口呼：“紧急开门装置良好（或异常）”	1	
46	A4部位紧急开门装置（右侧）	眼看、手指被检查的设备，口呼：“紧急开门装置良好（或异常）”	1	
47	A4部位动态地图（左侧）	眼看、手指被检查的设备，口呼：“动态地图良好（或异常）”	1	
48	A4部位动态地图（右侧）	眼看、手指被检查的设备，口呼：“动态地图良好（或异常）”	1	
49	A4部位行李架（左侧）	眼看、手指被检查的设备，口呼：“行李架良好（或异常）”	1	
50	A4部位行李架（右侧）	眼看、手指被检查的设备，口呼：“行李架良好（或异常）”	1	
51	A4部位微机柜	眼看、手指被检查的设备，口呼：“微机柜良好（或异常）”	1	
52	A4部位空调柜	眼看、手指被检查的设备，口呼：“空调柜良好（或异常）”	1	
53	A4部位贯通道检查（中部）	眼看、手指被检查的设备，口呼：“贯通道良好（或异常）”	1	

以上每个步骤没有执行或执行错误均扣分。

六、思考题

（1）出乘前静态检查作业中“四确认”指的是什么?

（2）出乘前静态检查作业的顺序是什么?

任务五　出乘前动态检查作业

一、实训目的

（1）掌握出乘前动态检查作业的标准化流程。

（2）掌握出乘前动态检查作业的要求。

（3）学习城市轨道交通出乘前动态检查作业的相关业务知识。

二、理论链接

出乘前应注意以下要点。

（1）升弓前，司机确认设备正常，现场人员处于安全位置后，方可鸣笛升弓。

（2）受电弓升起后，严禁触摸列车任何带电部位、地沟检查及攀登车顶。

（3）严禁跨越地沟、飞乘飞降。

（4）添乘出库车的司机严禁从尾部登乘司机室，必须从出库端上车。

（5）学员应执行好“四同”规定，不得单独作业。

（6）库内检车作业严禁后退，在尽头端做牵引测试，保证足够安全距离。

（7）动态检查先做出库端再做非出库端（因非出库端距离线路终点较近，不能满足动态检车需求）。

三、实训要求

1. 实训时间

教学课时为 2 课时。

2. 实训形式

电脑实训系统模拟实训。

3. 安全注意事项

（1）未经教师或管理员允许不得擅自操作。

（2）需要提前了解电客车出乘前动态检查作业的基本流程。

（3）电脑只允许打开实训系统，不得进行其他操作。

四、实训操作步骤

1. 实训操作流程（图 2-5-1）

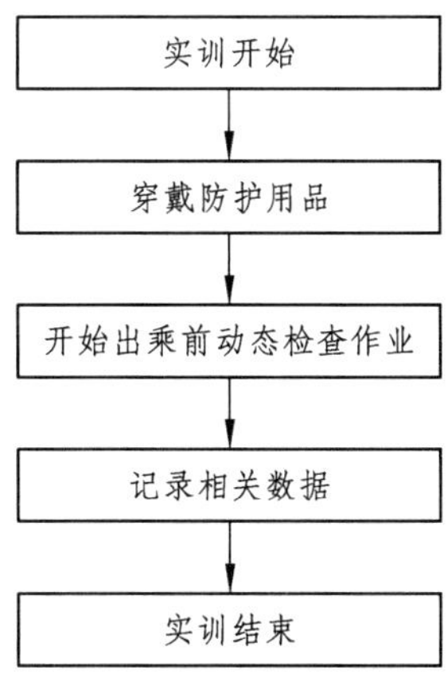

图 2-5-1　实训操作流程

2. 实训作业流程（表 2-5-1）

表 2-5-1　实训作业流程

工序		实训内容	作业结果记录
1	准备工作	（1）确认列车蓄电池电压不低于 84 V。 （2）确认两端司机室无各类禁动牌。 （3）确认两端蘑菇按钮未被拍下。 （4）确认操纵台上受电弓在“降双弓”位。 按压操纵台上“唤醒”按钮，列车开始自检	
2	头部检查	（1）打开主控钥匙，激活当前端司机室。 （2）DDU、HMI 显示屏点亮。 （3）车载电台得电，车载台正常启动，且调节音量；防爬器完好	
3	车钩检查	确认所有人员均在安全位置后使用驾驶台升弓开关升双弓，确认网压正常，主风缸压力正常	
4	车体下部及外部检查	确认制动/空气、牵引/辅助/蓄电池页面显示正常	
5	客室检查	按压“灯测试”按钮，确认驾驶室所有指示灯亮，且有蜂鸣器声	
6	司机室检查	主风管压力正常后，列车处于停车状态，激活司机室钥匙，列车紧急制动施加，将模式选择开关置于“手动”位。手柄于制动区，按下“紧急制动复位”按钮。DDU运行界面紧急制动红色缓解变为灰色缓解，紧急制动缓解	
7	警惕按钮测试	列车处于停车状态，紧急制动已缓解后，按下“警惕测试”按钮持续3～5 s，列车会施加紧急制动	
8	制动及牵引测试	（1）把“紧急牵引”开关打至“紧急牵引”位，推大于 40%牵引测试，测试完毕恢复到“关”位。 （2）将司机室设备柜中“紧急制动旁路”开关打至“开”位，长按驾驶台“BBPB”按钮，推大于40%牵引测试，测试完毕恢复到“关”位。 （3）正常模式下，“手动”位推大于 40%牵引测试。 （4）点击 DDU 显示屏上的“运行”页面，确认制动、停放制动、牵引、电制动状态正常。 （5）点击 DDU 右下角主菜单界面中旁路开关、互锁界面，确认无故障显示	
9	停放制动测试	（1）点击 DDU 显示屏上的“运行”页面，确认列车停放制动状态正常。 （2）按压司机室台停放制动按钮，停放制动指示灯由绿变红。 （3）点击 DDU 显示屏上的“运行”页面，确认列车停放制动施加。 （4）再次按压司机室台停放制动按钮，停放制动指示灯由红变绿。 （5）点击 DDU 显示屏上的“运行”页面，确认列车停放制动缓解	

续表

工序	实训内容		作业结果记录
10	开关门测试（客室门）	（1)在 DDU 上确认各车门在关闭状态且无故障； （2）将司机室电器柜内的“门模式选择”开关置于“AM”位。 （3）按压“允许开门”按钮，出现允许开门图标后，模式转至“手动”位，DCH 手柄拉至制动区，分别按压司机室侧墙立柱及操纵台上“开关左／右门”按钮各一次，确认 DDU 所有车门开关正常且门关好灯、关门灯显示正常。 （4）模式开关转至“洗车”位，DCH 手柄拉至制动区，按压司机室操纵台上“开关左／右门”按钮各一次，确认 DDU 所有车门开关正常且门关好灯、关门灯显示正常	
11	开关门测试（司机室室侧门）	—	
12	其他各按钮试验	（1）除霜器测试，喇叭测试，刮雨器测试，逃生门刮雨器测试，头灯测试，司机室照明测试，司机室阅读灯测试，解钩按钮测试； （2）司机室空调测试，客室照明灯开关测试	
13	列车广播系统测试	（1）在车辆 DDU 显示屏乘客信息系统中选择模式，区间号。 （2）设置正确的开始、结束站，按下“确认”确定所选信息。 （3）按压“预报站”按钮，确认广播内容正确。 （4)按压“到站广播”按钮，确认报站信息正确。 （5）按压客室人工广播“PA”按钮，进行人工广播，人工广播播报正常。 （6）CCTV 具有辅助报站功能与监控功能	
14	空调设置测试	打开车辆DDU显示屏上的“空调”页面，空调控制模式均在“集控”位，正确设置空调温度情况	
15	非出库端列车功能测试	重复4～14工序	
16	准备出库	完成列车整备工作后，报信号楼准库内列车整备完毕	

五、实训考核标准（表2-5-2）

表 2-5-2　实训考核标准

序号	检查内容	执行标准	配分	得分
列车激活				
1	激活列车	将“列车激活旋钮”置“合”位	1	
2	检查确认“列车激活旋钮”绿灯亮。	眼看、手指设备，口呼：“列车激活旋钮绿灯亮”	1	
3	检查确认“蓄电池电压表”表值为 110 V（不低于 85 V）	眼看、手指设备，口呼：“蓄电池电压 110 V”	1	
4	检查确认“气压表”主风压力不低于 4 bar	眼看、手指设备，口呼：“主风压力不低于 4 bar”	1	
5	检查确认“信号选择”开关在“有效”位	眼看、手指设备，口呼：“信号选择”开关，位置正确”	1	
6	将“关门模式选择”开关置“手动”位	眼看、手指设备，口呼：“关门模式置手动位。”，并将“关门模式选择”开关置“手动”位	2	
司机台激活				
7	激活司机台	闭合“主控钥匙”开关	1	
8	检查确认受电弓“降”灯亮	眼看、手指设备，口呼：“受电弓‘降’灯亮”	1	
9	检查确认停放制动“施加”灯亮	眼看、手指设备，口呼：“停放制动‘施加’灯亮”	1	
10	检查确认气制动“施加”灯亮	眼看、手指设备，口呼：“气制动‘施加’灯亮”	1	
11	检查确认主断“分”灯亮	眼看、手指设备，口呼：“主断‘分’灯亮”	1	
12	检查确认左门“关”灯亮	眼看、手指设备，口呼：“左门‘关’灯亮”	1	
13	检查确认右门“关”灯亮	眼看、手指设备，口呼：“右门‘关’灯亮”	1	
14	检查确认“司机显示屏”激活	眼看、手指设备，口呼：“‘司机显示屏’激活”	1	
试灯				
15	按压“试灯”按钮，确认驾驶室所有指示灯亮	按下“试灯”按钮，眼看、手指设备，口呼：“驾驶室所有指示灯亮”	1	

续表

序号	检查内容	执行标准	配分	得分
紧急按钮试验				
16	将驾驶模式置 RM 模式	手指设备，口呼："驾驶模式置 RM 位"，并将"驾驶模式选择开关"置"RM"位	1	
17	检查"气压表"确认制动缸压力约 2 bar	眼看、手指设备，口呼："制动缸压力 2 bar"	1	
18	按压右侧"紧急制动"按钮	按下司机操纵台右侧"紧急制动"按钮	1	
19	检查"气压表"确认制动缸压力约 3 bar	眼看、手指设备，口呼："制动缸压力 3 bar"	1	
20	按压受电弓"升"按钮	按压受电弓"升"按钮	1	
21	检查确认受电弓未升起	眼看、手指车辆显示屏受电弓图标，口呼："受电弓未升起"	1	
22	恢复右侧"紧急制动"按钮	恢复司机操纵台右侧"紧急制动"按钮	1	
23	按压左侧"紧急制动"按钮	按下司机操纵台左侧"紧急制动"按钮	1	
24	检查"气压表"确认制动缸压力约 3 bar	眼看、手指设备，口呼："制动缸压力 3 bar"	1	
25	按压受电弓"升"按钮	按压受电弓"升"按钮	1	
26	检查受电弓"升"灯，确认受电弓未升起	眼看、手指车辆显示屏受电弓图标，口呼："受电弓未升起"	1	
27	恢复左侧"紧急制动"按钮	恢复司机操纵台左侧"紧急制动"按钮	1	
升弓程序				
28	按压受电弓"升"按钮	按压受电弓"升"按钮	1	
29	检查确认受电弓"升"绿灯亮	眼看、手指设备，口呼："受电弓'升'绿灯亮"	1	
30	检查确认受电弓"降"红灯灭	眼看、手指设备，口呼："受电弓'降'红灯灭"	1	
31	检查"车辆显示屏"确认受电弓标志升起、线路网压约为 1500 V	眼看、手指车辆显示屏受电弓图标，口呼："受电弓升起，线路网压 1500 V"	1	

续表

序号	检查内容	执行标准	配分	得分
开关门试验				
32	检查“车辆显示屏”确认各车门在关闭状态且无故障	眼看、手指车辆显示屏车门状态界面，口呼：“所有车门关闭”	1	
33	确认“关门模式选择”开关在“手动”位	眼看、手指设备，口呼：“关门模式手动位”	1	
34	打开左侧车门	按下左侧“强制开门”按钮，按压左侧开门按钮，将左侧车门打开	1	
35	检查确认显示屏所有车门状态显示为“门开”状态图标，车门已经开启	眼看、手指车辆显示屏车门状态界面，口呼：“左侧所有车门开启”	1	
36	检查确认左侧关门指示灯灭	眼看、手指设备，口呼：“左侧关门指示灯灭”	1	
37	关闭左侧车门	按压左侧关门按钮，确认车门关闭警示声音响起，车门关闭	1	
38	确认显示屏显示所有车门“门关”的图标，所有车门已经关闭良好	眼看、手指车辆显示屏车门状态界面，口呼：“所有车门关闭”	1	
39	检查确认左侧关门指示灯亮，“所有车门关闭”指示灯亮	眼看、手指设备，口呼：“左侧关门指示灯亮、所有车门关闭指示灯亮	1	
40	打开右侧车门	按下右侧“强制开门”按钮，按压右侧开门按钮，将右侧车门打开	1	
41	检查确认显示屏所有车门状态显示为“门开”状态图标，车门已经开启	眼看、手指车辆显示屏车门状态界面，口呼：“右侧所有车门开启”	1	
42	检查确认右侧关门指示灯灭	眼看、手指设备，口呼：“右侧关门指示灯灭”	1	
43	关闭右侧车门	按压右侧关门按钮，确认车门关闭警示声音响起，车门关闭	1	
44	确认显示屏显示所有车门“门关”的图标，所有车门已经关闭良好	眼看、手指车辆显示屏车门状态界面，口呼：“所有车门关闭”	1	
45	检查确认右侧关门指示灯亮，“所有车门关闭”指示灯亮	眼看、手指设备，口呼：“右侧关门指示灯亮、所有车门关闭指示灯亮”	1	

续表

序号	检查内容	执行标准	配分	得分
重开门按钮试验				
46	按压左侧开门按钮打开车门	按压左侧开门按钮，将左侧车门打开。	1	
47	按压左侧关门按钮，确认车门正在关闭	按压左侧关门按钮	1	
48	马上按压左侧的“重开门按钮”，确认未完全关闭的车门正在重新打开	在车门未完全关闭好前，按压左侧的“重开门按钮”	1	
49	检查确认显示屏所有车门状态显示为“门开”状态图标，车门已经开启	眼看、手指车辆显示屏车门状态界面，口呼：“左侧所有车门开启”	1	
50	按压左侧关门按钮，将打开的车门关闭	按压左侧关门按钮，确认车门关闭警示声音响起，车门关闭	1	
51	确认显示屏显示所有车门 “门关”的图标，所有车门已经关闭良好	眼看、手指车辆显示屏车门状态界面，口呼：“所有车门关闭”	1	
52	检查确认左侧关门指示灯亮，“所有车门关闭”指示灯亮	眼看、手指设备，口呼：“左侧关门指示灯亮、所有车门关闭指示灯亮”	1	
53	按压右侧开门按钮打开车门	按压右侧开门按钮，将右侧车门打开	1	
54	按压右侧关门按钮，确认车门正在关闭	按压右侧关门按钮	1	
55	马上按压右侧的“重开门按钮”，确认未完全关闭的车门正在重新打开	在车门未完全关闭好前，按压右侧的“重开门按钮”	1	
56	检查确认显示屏所有车门状态显示为“门开”状态图标，车门已经开启	眼看、手指车辆显示屏车门状态界面，口呼：“右侧所有车门开启”	1	
57	按压右侧关门按钮，将打开的车门关闭	按压右侧关门按钮，确认车门关闭警示声音响起，车门关闭	1	
58	确认显示屏显示所有车门“门关”的图标，所有车门已经关闭良好	眼看、手指车辆显示屏车门状态界面，口呼：“所有车门关闭”	1	
59	检查确认右侧关门指示灯亮，“所有车门关闭”指示灯亮	眼看、手指设备，口呼：“右侧关门指示灯亮、所有车门关闭指示灯亮”	1	

续表

序号	检查内容	执行标准	配分	得分
停放制动试验				
60	按压“停放制动缓解”按钮	按压“停放制动缓解”按钮。	1	
61	检查确认停放制动“缓解”绿色指示灯亮,“施加”红色指示灯灭,列车停放制动缓解	眼看、手指设备,口呼:“停放制动‘缓解’绿色指示灯亮,“施加”红色指示灯灭,列车停放制动缓解”	1	
62	检查确认车辆显示屏制动图标无停放制动标志“P”	眼看、手指车辆显示屏制动状态界面,口呼:“无停放制动标志‘P’”	1	
63	按压“停放制动施加”按钮	按压“停放制动施加”按钮	1	
64	检查确认停放制动“施加”红色指示灯亮,停放制动“缓解”绿色指示灯灭,列车停放制动施加	眼看、手指设备,口呼:“停放制动‘施加’红色指示灯亮,停放制动‘缓解’绿色指示灯灭,列车停放制动施加”	1	
65	检查确认车辆显示屏制动图标有停放制动标志“P”	眼看、手指车辆显示屏制动状态界面,口呼:“有停放制动标志‘P’”	1	
66	按压“停放制动缓解”按钮,保持停放制动缓解状态	按压“停放制动缓解”按钮,缓解停放制动	1	
警惕按钮试验				
67	按压几下警惕按钮,确认警惕按钮无卡滞现象	按压几下警惕按钮,确认警惕按钮无卡滞现象	1	
68	方向手柄置“前”位	将方向手柄置“前”位	1	
69	无需按压警惕按钮,将主控手柄推向牵引位最小位	无需按压警惕按钮,将主控手柄推向牵引位最小位	1	
70	检查确认车辆显示屏出现“牵引封锁/无人警惕”字样	眼看、手指车辆显示屏,口呼:“牵引封锁/无人警惕”	1	
71	将主控手柄拉回“零”位	将主控手柄拉回“零”位	1	
72	检查确认车辆显示屏“牵引封锁/无人警惕”字样消失	眼看、手指车辆显示屏,口呼:“牵引封锁/无人警惕消失”	1	

续表

序号	检查内容	执行标准	配分	得分
牵引/制动试验				
73	合高速断路器	按压主断“合”按钮	1	
74	检查确认主断“分”红色指示灯灭，主断“合”绿色指示灯亮	眼看、手指设备，口呼：“主断“分”红色指示灯灭，主断“合”绿色指示灯亮”	1	
75	检查确认，网压显示在1000～1800 V	眼看、手指车辆显示屏受电弓界面，口呼：“线路网压 1500 V”	1	
76	确认驾驶模式在“RM”位	手指设备，口呼：“驾驶模式 RM 位”	1	
77	检查确认车辆显示屏上的“制动屏”，确认列车制动状态正常	眼看、手指车辆显示屏制动状态界面，口呼：“列车制动状态正常”	1	
78	检查确认车辆显示屏上的“牵引状态屏”，确认牵引电机正常	眼看、手指车辆显示屏牵引状态界面，口呼：“牵引电机正常”	1	
79	将主控手柄拉至“快速制动”位	将主控手柄拉至“快速制动”位	1	
80	检查确认车辆显示屏显示“快速制动”字样	眼看、手指车辆显示屏，口呼：“快速制动”	1	
81	将主控手柄拉回“零”位	将主控手柄拉回“零”位	1	
82	检查确认车辆显示屏“快速制动”字样消失	眼看、手指车辆显示屏，口呼：“快速制动字样消失”	1	
83	主控手柄推向“牵引”区，但不得超过 20%	主控手柄推向“牵引”区，但不得超过 20%	1	
84	检查确认驾驶台“所有气制动缓解”指示灯亮	眼看、手指设备，口呼：“所有气制动缓解指示灯亮”	1	
85	待客车刚移动，立即将主控手柄拉回“制动”区 100%处	立即将主控手柄拉回 “制动” 区 100%处	1	
86	列车停车，确认驾驶台“气制动施加”指示灯亮	眼看、手指设备，口呼：“气制动施加指示灯亮”	1	
87	检查列车显示屏应无故障显示	眼看、手指车辆显示屏，口呼：“显示屏无故障显示”	1	
RM 模式选择试验				
88	进入信号屏中的菜单，选择 RM60 后回到主页确认RM60 选择成功	进入信号屏中的菜单，选择 RM60 后回到主页，口呼：“RM60 选择成功”	1	
89	进入信号屏中的菜单，选择 RM25 后回到主页确认RM25 选择成功	进入信号屏中的菜单，选择 RM25 后回到主页，口呼：“RM25 选择成功”	1	

以上步骤没有执行或执行错误均扣分。

六、思考题

（1）乘前动态检查中“三项设备”指的是什么?
（2）出乘前动态检查中发动机加速的前提是什么?

任务六　出入场（库）作业

一、实训目的

（1）掌握出入场（库）作业的标准化流程。
（2）掌握出入场（库）入库作业的要求。
（3）学习城市轨道交通出入场（库）作业的相关业务知识。

二、理论链接

1. 概念

（1）出场作业。

列车整备完毕后，司机与信号楼联系，按指示及规定时间，确认出库（调车）信号出库，在车场内凭地面信号机显示的进行信号限速运行至转换轨，转为自动控制模式，在出场信号开放后凭收到的速度码起动列车到始发站站台（自动模式没有转换成功时，凭行调命令起动列车到始发站站台）的过程称为列车出场。

（2）入场作业。

列车完成正线运营任务后，司机按行调指令确认地面信号机开放后限速运行至转换轨停车，与行调联系，转为手动控制模式，与信号楼联系，在入场信号开放后，移动列车入场至库内的过程称为列车入场（库）。

2. 注意事项

（1）检车完毕及时联系信号楼，到发车点信号楼调度员没有发车指令要及时无线电询问。

（2）要严格按照基地限速行车。

（3）需要退行时按照车场内退行规定执行。

（4）当基地与相连接的车站信号联锁设备故障时，采用电话联系法行车。

3. 出库作业内容

（1）汇报信号楼：列车整备完毕，确认列车状态符合正线服务要求，在报单上填写出库千米数和出库时间、车次、车体号、司机等项目。报告车场信号楼××道×端××××车整备作业完毕。

（2）接收进路命令。司机接收到信号楼发布的进路命令后，及时并正确复诵信号楼发布的进路命令。

（3）一度停车。复诵完进路命令后，确认信号正确、库门的开启及线路状况良好后动车，库门前、平交道口应一度停车，严格执行“手比口呼”制度，库内动车时以 5 km/h 的速度运行，待全列车出库后按照规定速度运行。

（4）转换轨一度停车。出库列车在进入转换轨后，必须在出场信号机前的一度停车牌前停车。

（5）联系行调。将车载台转至正线组联系行调，行调，××××次×××××车在××转换轨×停妥，××模式，车体号×××，司机代码×××。

（6）动车至站台。若是 CTC/ITC 模式，确认地面信号开放正确、凭推荐速度运行至站台。若是 RM 模式，必须得到行调允许动车的凭证及确认地面信号开放正确后才能动车运行至站台，列车升级后及时汇报行调。

（7）投入运营。司机在站台根据《运营时刻表》规定的发车点或行调命令要求投入到运营服务中。

4. 出库技术标准

当出库检查时，出现以下故障，且休眠重启后该故障现象不能清除时，列车不得上线运营：

（1）受电弓及高压电路故障时。

（2）主风管压力低于 8 bar 且不上升。

（3）电客车无法使用正常模式或速度行驶。

（4）1 个辅助逆变器不工作（无中压输出）。

（5）门关好灯或停放制动灯或制动施加、缓解指示灯其中一个不显示或显示不正常时，DDU 不显示或显示不正常。

（6）蓄电池电压过低，列车不能正常启动。

（7）雨雪天气主瞭望窗雨刮器不能正常工作时。

（8）任一头灯不亮时。

（9）同一节车 2 扇以上门不能打开或全列车 3 扇以上车门不能打开时。

（10）车钩及缓冲装置有一项不良时。

（11）车体倾斜、变形超限时。

（12）列车自动、手动及人工广播失效时。

（13）ATP 车载设备故障时。

（14）任一车厢正常、紧急照明均故障时。

（15）走行部重要零部件异常时。

（16）司机室和客室钢化玻璃破损时。

（17）司机室门或隔间门故障无法正常开关。

（18）车载无线电有一端故障，无法使用时。

（19）夏季两台及以上客室空调不能正常使用时。

三、实训要求

1. 实训时间

教学课时为 2 课时。

2. 实训形式

电脑实训系统模拟实训。

3. 安全注意事项

（1）未经教师或管理员允许不得擅自操作。

（2）需要提前了解电客车出、入段/场作业的基本流程。

（3）电脑只允许打开实训系统，不得进行其他操作。

四、实训操作步骤

1. 实训流程（图 2-6-1）

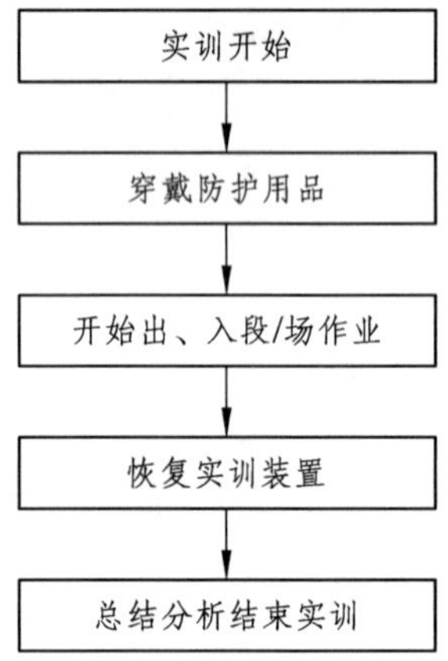

图 2-6-1　实训操作流程

2. 实训作业流程

（1）出库实训作业流程表（表 2-6-1）。

表 2-6-1　出库实训作业流程

工序	实训内容	作业结果记录
1	列车整备完毕，确认列车状态符合正线服务要求，在《司机报单》上填写出库公里数和出库时间、列车号、车次、司机等项目。报告基地信号楼列车整备完毕	
2	得到信号楼通知，确认出库信号开放，选择规定模式，确认信号正确、库门的开启及线路状况良好后，执行手指口呼确认制度，鸣笛动车，列车在基地内运行速度按照《基地运作规则》《停车场运作规则》标准的规定速度执行	
3	库门前、平交道口应一度停车，执行手指口呼制度，确认信号正确、库门的开启及线路状况良好后动车。库内动车时以 5 km/h 的速度运行，待全列车出库后按照规定速度运行	

续表

工序	实训内容	作业结果记录
4	基地出库列车在进入转换轨后，在信号机前的一度停车牌停车，司机将模式开关打至手动位，车载台自动转换成正线组（若未能自动转换，则手动切换），用车载台联系行调（汇报车次、车体号、当前信号模式）。确认地面信号开放正确、有推荐速度码，预选模式正确后动车	
5	采用ATO模式驾驶列车从转换轨开往正线按照《运营时刻表》规定或行调命令要求折返的地点投入运营服务	
6	非正常情况下，按电话联系法行车	

（2）入库实训流程（表 2-6-2）

表 2-6-2　入库实训作业流程

工序	实训内容	作业结果记录
1	结束运营服务或故障、调整等特殊原因退出运营列车，司机在清客站广播清客，打开通道门观察客室无乘客及其他人员，车站协助清客工作人员给“好了”信号后，关闭站台门、车门	
2	回库列车将客室照明打至关闭位，司机对出站信号机或道岔防护信号机、前方进路进行手指呼唤后，已 ATO 模式启动列车运行至转换轨一度停车牌前停车	
3	列车运行至转换轨的一度停车牌前停稳后，与行调联系，按行调指令，转为 RM 模式，用手持台联系信号楼	
4	得到信号楼进路准备好的通知后，复诵正确，确认入场信号机信号开放，进行手指口呼确认开放后，以 RM 模式动车回库	
5	按调车信号显示动车至平交道口和库门口处一度停车，确认库门开启，前方线路无人无障碍物侵入限界	
6	进库内限速 5 km/h，列车停稳后，记录运营公里数，将受电弓控制开关打至“降双弓”位，受电弓落下，DDU 显示受电弓落下，且网压显示为“0”，将模式选择开关打到“断开”位，关闭主控钥匙，按下“休眠”按钮，1 分钟后，DDU 及控制台指示灯熄灭，收车完毕。填写报单，将行车备品交派班室，退勤	
7	接受“三交三问”后，清楚第二天早班的列车车次、时间等，听从派班员的安排，到公寓指定房间休息	
8	非正常情况下，按电话联系法行车	

五、实训考核标准

1. 出库考核标准（表 2-6-3）。

表 2-6-3　出库考核标准

序号	执行内容	执行标准	配分	得分
1	整备作业完毕后，司机与信号楼联系出厂	司机联控信号楼："信号楼，××车××道×段整备作业完毕"	4	
2	信号楼回复司机	信号楼回复司机："××车×道×段整备作业完毕，信号楼明白"	4	
3	信号楼通知司机可以动车	待出库信号开放后，信号楼通知司机："××车，××道往 CD1 列车信号黄灯好，司机可以动车"	4	
4	司机复诵	司机回复信号楼："××车，××道往 CD1 列车信号黄灯好，司机可以动车，司机明白"	4	
5	确认出库信号机黄灯好	手指出库信号机，口呼："列车信号黄灯好"	4	
6	启动列车，以 RM（25 km/h）模式驾驶列车	按照标准流程启动列车，并以 RM25 模式驾驶列车，库内限速 5 km/h（列车限速到达第一个道岔岔芯处）	4	
7	在平交道口前一度停车	在平交道口前（10 m 范围内）一度停车	4	
8	确认平交道口无人、无障碍	确认平交道口无人、无障碍，司机眼看、手指道口，口呼："道口安全"	4	
9	启动列车，以 RM（25 km/h）模式驾驶列车	再次启动列车，并以 RM25 模式驾驶列车	4	
10	途中遇道岔，需手指、口呼	眼看、手指道岔，口呼："道岔位置正确"（若干次）	4	
11	CD1（出段信号机）前一度停车	在 CD1 信号机前（10 米范围内）一度停车	4	
12	汇报行调	司机呼叫行调："行调，××次在 CD1 信号机前停稳"	4	
13	行调回复	行调回复司机："××次在 CD1 信号机前停稳，行调收到。××次凭信号显示出厂"	4	
14	司机复诵	司机复诵："××次凭信号显示出厂，司机明白"	4	
15	确认信号	确认信号，司机眼看、手指信号机，口呼："列车信号黄灯好"	4	
16	启动列车，以 RM（25 km/h）模式驾驶列车	再次启动列车，并以 RM25 模式驾驶列车	4	

续表

序号	执行内容	执行标准	配分	得分
17	进入转换轨后，严格控制列车速度,按照规定速度运行并且安全停车	列车完全进入转换轨后，在前方信号机前（10 m 范围内）停车	4	
18	确认显示屏收到列车“投入服务”小车图标	司机眼看、手指信号屏，口呼：“列车投入服务小车图标有”	4	
19	将驾驶模式转为 PM	手指模式选择开关，口呼：“转PM”后，将驾驶模式选择开关打至“PM”位	4	
20	司机汇报行调	司机呼叫行调：“行调，XX 次在转换轨停稳，已转 PM 模式”	4	
21	行调回复司机	行调回复司机：“××次在转换轨停稳,已转 PM 模式,行调收到。××次凭信号显示动车”	4	
22	司机复诵	司机复诵：“××次凭信号显示动车，司机明白”	4	
23	确认前方信号机“信号正确”，显示屏收到速度码	眼看、手指信号机，口呼：“信号正确”眼看、手指 ATC 显示屏，口呼：“推荐速度有”	4	
24	启动列车，以 ATP 模式运行	再次启动列车，以 ATP 模式运行	4	
25	途中遇到信号机及道岔，需确认道岔位置及信号状态	眼看、手指信号机/道岔，口呼：“信号正确”、“道岔位置正确”(若干次)	4	

2. 入库考核标准（表 2-6-4）。

表 2-6-4　入库考核标准

序号	执行内容	执行标准	配分	得分
1	进站停稳，车门打开	参照上下客监护作业执行，此流程不评判	4	
2	通过预置的清客广播清客	通过车辆显示屏，选择预置的“终点站清客”广播，进行清客	4	
3	确认清客完毕，准备关门	确认车站给出清客“好了”口呼：“好了信号有”	4	
4	关闭车门	参照上下客监护作业执行，此流程不评判	4	
5	确认出站信号、道岔	列车到达终点站清客退出运营后，眼看、手指信号机/道岔，口呼：“信号正确、道岔位置正确，推荐速度有”	4	
6	启动列车，以 ATP 模式运行	按照标准启车流程启动列车；以 ATP 模式运行，驾驶列车时严格控制列车速度	4	

续表

序号	执行内容	执行标准	配分	得分
7	列车进入转换轨后，在进段信号机前一度停车	列车完全进入转换轨后，在进段信号机前（10米范围内）停车	4	
8	将驾驶模式转为RM	手指驾驶模式选择开关，口呼："转RM"后，将驾驶模式选择开关打至"RM"位	4	
9	司机与信号楼联系入库	司机联控信号楼："信号楼，××车在转换轨×道停稳"	4	
10	信号楼回复司机	信号楼回复司机："××车在转换轨×道停稳，信号楼明白"	4	
11	信号楼通知司机可以动车	待入厂信号开放后，信号楼通知司机："××车，转换轨×道往××道列车信号黄灯好，司机可以动车"	3	
12	司机复诵	司机回复信号楼："××车，转换轨×道往××道列车信号黄灯好，可以动车，司机明白"	3	
13	确认入厂信号机黄灯好	手指进段信号机，口呼："列车信号黄灯好"	3	
14	启动列车，以RM（25 km/h）模式驾驶列车	按照标准流程启动列车，并以RM25模式驾驶列车	3	
15	途中遇道岔，需手指、口呼	"道岔位置正确"（若干次）	3	
16	在平交道口前一度停车	在平交道口前（10米范围内）一度停车	3	
17	确认平交道口无人、无障碍	确认平交道口无人、无障碍，司机眼看、手指道口，口呼："道口安全"	3	
18	启动列车，以RM（25 km/h）模式驾驶列车	再次启动列车，并以RM25模式驾驶列车	3	
19	在一度停车标处停车	在一度停车标处停车	3	
20	启动列车限速5 km/h运行	列车限速5 km/h运行	3	
21	在停车股道末端信号机前停车	在停车股道末端信号机前约10米时停车	3	
22	分主断	按压主断"分"按钮	3	
23	施加停放制动	按压"停放制动施加"按钮	3	
24	确认停放制动施加	眼看、手指按钮，口呼："停放制动"施加"红色指示灯亮，停放制动"缓解"绿色指示灯灭，列车停放制动施加"	3	
25	汇报信号楼	司机联控信号楼："信号楼，××车已在××道×段停稳，列车已做好防护"	3	

续表

序号	执行内容	执行标准	配分	得分
26	信号楼回复司机	信号楼回复司机："××车已在××道××段停稳，列车已做好防护，信号楼明白"	3	
27	降下受电弓	按压受电弓"降"按钮	3	
28	将驾驶模式转为 OFF	将驾驶模式选择开关打至"OFF"位	3	
29	关闭主控钥匙	将主控钥匙置"关"位	3	
30	断激活	将激活按钮打至"分"位	3	

以上步骤没有执行或执行错误均扣分。

六、思考题

（1）出库流程是什么?

（2）入库流程是什么?

任务七　进出站作业

一、实训目的

（1）掌握出进出站作业的标准化流程。

（2）掌握进出站作业的要求。

（3）学习城市轨道交通进出站作业的相关业务知识。

二、理论链接

1. 注意事项

（1）司机按规定驾驶模式驾驶列车，途中加强瞭望，确认信号，认真执行《正线呼唤应答》制度。运营中遇车辆出现故障，按《电客车故障应急处理指南》处理，列车故障消失可以继续运行时必须报行调后方能动车。途中产生紧急制动，做好客室广播，列车停车后按规定程序缓解，动车前必须与行调联系，得到允许动车的命令后，方可 RM 动车。遇列车在正线折返线、存车线下线由检修人员处理故障，在故障处理完毕必须得到行调通知方能动车，不得听从检修人员的口头通知随意动车。遇车载 ATC 故障需采取 URM 模式驾驶时，严格按照《行车组规则》行车，运行中加强地面信号的确认，严格按照线路限速运行。遇非正常情况下，按照各类《非正常行车办法》执行，加强确认各行车凭证和注意事项。

（2）运行中的电客车由车站开出和接近前方站时要做好客室的广播工作并进行监听，防止漏报或错报站。

（3）列车进站司机必须加强瞭望，密切注意站台乘客动态以及线路，防止乘客跌落站台和异物侵入行车限界，发现异常及时采取减速或停车措施。

（4）列车进站停车时，应按规定停车位置停车（RM），列车停站后司机应立即打开客室车门，确保乘客及时上下车，RM 模式驾驶时，列车停站后严格执行先上站台后开门制度。

（5）司机在站台认真监护乘客上下情况，确认乘客上下车基本完毕，DTI 在 15 秒左右关门。关闭车门后必须确认车门关闭良好、无夹人夹物，方可回驾驶室内准备发车，动车前应通过站台倒车镜再次确认站台有无异常。列车发车时必须确认行车凭证（ATO 或 RM 模式时为速度码、非正常时为路票、电话记录号码或调度命令）。

（6）列车发车时必须确认行车凭证（ATO 或 RM 模式时为速度码、非正常时为路票、电话记录号码或调度命令）。

2. 手比口呼操作标准（表 2-7-1）

表 2-7-1　手比口呼操作标准

呼唤时机	呼唤用语	手比	备注
列车接近信号机	绿灯 灭灯（CTC）	√	按正常速度通过；遇站台头端信号机在列车对标停车后再开车时呼唤
	黄灯，注意限速 灭灯（CTC）	√	控制速度（低于 25 km/h）；遇站台头端信号机在列车对标停车后再开车时呼。
	红灯停车		
列车接近道岔时	道岔好	√	确认道岔位置正确时
	停车		道岔位置显示不正确时，立即采取停车措施
列车接近 300 米标	300 米		
列车接近站台时	进站注意		列车接近站台 100 m 时
列车到达站台中部时	对标停车	√	手指 HMI 上列车图标显示，控制速度，准备停车
列车停稳开门时	开左（右）门	√	手指站台侧，侧墙上的“开门灯”
站台门/车门开启后	站台门、车门打开	√	移位确认
距离发车 15 秒时	关门		确保车门全开状态最少 10 秒；呼唤后，按压关门按钮
站台门/车门关闭后	站台门、车门关好 无夹人夹物，间隙安全 站台门关好灯亮	√	观察尾部灯带确保间隙安全
安全员“好了”手信号	好了		需安全员打“好了”信号的车站
进入司机室前	门关好灯亮	√	如在站台无法确认时，可进入司机室内确认

续表

呼唤时机	呼唤用语	手比	备注
进入司机室关闭司机室侧门后	左右关门灯灭	√	分别手指驾驶台上左右侧关门灯，指两次，呼一次
动车前	道岔好 灭灯（CTC）或绿灯、黄灯 有推荐速度/速度码	√	要求由远至近按顺序呼唤，RM\URM 模式动车前站起手比口呼
站前折返关钥匙前	确认折返	√	自动折返灯闪烁，出现折返图标
列车进入尽头线	尽头线注意		进入该线最后一付道岔处呼唤，控制好速度，准备停车
两端终点站折返前	确认折返	√	自动折返灯闪烁，出现折返图标
列车到达终点站			司机打开隔间门查看客室，确认清客完毕
监听到第一遍列车报站广播后	××站	√	手指列车操纵台上的报站信息显示
限速牌前	限速××	√	URM 模式驾驶时执行
限速取消牌前	限速取消	√	URM 模式驾驶时执行
列车接近“一度停车”牌前	一度停车	√	列车必须在“一度停车”牌前停车
列车接近折返线“停车”牌前	对标停车	√	列车必须按“停车”牌对标停车
列车正常折返司机交接班	设备正常，侧门正常，安全无事		列车进入折返线停妥后，到达司机通过司机室对讲与接车司机交接班。如有调度命令、车辆状态及其他需要交接的内容，必须重点交接说明
备用车司机交接班	设备正常，侧门正常，安全无事		交接班原则上在备用车上对口交接（股道号码、车辆情况、调度命令、行车事项及其他需要交接的内容），接车司机接班后应对备用车相关开关位置进行一次检查
正线司机交接班	设备正常，侧门正常，安全无事		接车司机站在黄线外侧，面向来车方向立正。到达司机出司机室开门作业时，接车司机向到达司机敬礼，到达司机向接车司机回礼，礼毕后交接调度命令、车辆状态、行车备品及其他需要交接的内容。到达司机下车站于黄线外侧，两人共同确认乘客上、下完毕，无夹人夹物客室门与站台门空隙安全。列车开出时，到达司机站于黄线外立岗，目送列车驶离站台

续表

呼唤时机	呼唤用语	手比	备注
便乘司机交接班	备品齐全，安全无事		交班司机确认后向接班司机交班
正线调试司机交接班	设备正常，侧门正常，安全无事		下班司机对调试作业内容、相关调度命令、车辆状态、调试指挥人及作业进展情况和作业关键等进行口头交接

三、实训要求

1. 实训时间

教学课时为 2 课时。

2. 实训形式

电脑实训系统模拟实训。

3. 安全注意事项

（1）未经教师或管理员允许不得擅自操作。

（2）需要提前了解电客车进出站作业的基本流程。

（3）电脑只允许打开实训系统，不得进行其他操作。

四、实训操作步骤

1. 实训作业流程（见图 2-7-1）

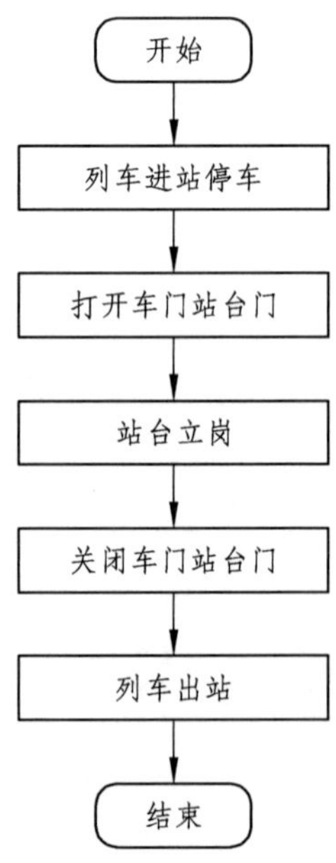

图 2-7-1　进出站实训

2. 实训作业流程（表 2-7-2）

表 2-7-2　实训作业流程

工序	实训内容	具体步骤	作业结果记录
1	列车进站停车	列车进站时，如正在接收调度命令（紧急呼叫除外），待进站停车开门后再回复行调。司机联系行调时，优先使用车载台，在车载台故障或离开司机室时，使用800M 手持台。确认在“正线组”，将音量调大，注意监听	
2	打开车门、站台门	列车停稳后，确认气制动施加灯亮起，先手指确认显示屏上屏蔽门图标已打开，口呼：“开左（右）门”，再手指确认显示屏上车门图标全部打开，将主控制器手柄置于制动区，使列车保持在制动状态，携带对讲机，打开驾驶室侧门	
3	站台立岗	站台立岗：斜向下 45°指向第 1 个屏蔽门，确认屏蔽门、车门全部打开，口呼“屏蔽门、车门开启”，确保屏蔽门与车门完全打开并保持 10s 及以上，观察乘客上下车情况，确认乘客上下完毕。如两人值乘时，必须同时到站台立岗，负责操纵列车的人员需执行“先下后上”规定，动车前确认另一人在安全位置把好扶稳。并严格执行“谁操作谁负责”的原则，严禁分工作业	
4	关客室门、站台门	确认乘客上下车完毕，DT 显示 15s 以下时，进行关门作业。具体步骤如下：先跨半步呼“关车门”，再按下“关门”按钮并保持 2s 以上（期间持续观察空隙情况），一脚留在站台，一脚跨入驾驶室，手指口呼“车门、屏蔽门、空隙安全”。确认门关好灯亮、站台门关好灯亮后，站在立岗处手指口呼“信号好、道岔好”，关闭驾驶室侧门进入司机室	
5	列车出站	进入司机室后，确认地面信号和车载信号显示正确后手指呼唤“绿灯好”，（若前方有道岔则还需确认道岔位置正确后手指呼唤“道岔好”），确认司机室门指示灯亮后按压 ATO 模式按钮，再同时按下 ATO 启动按钮，列车启动	

五、实训考核标准（表2-7-3）

表 2-7-3　实训考核标准

序号	考核项目	扣分值	说明
1	列车停稳后，确认气制动施加灯亮起	16 分	遗漏扣分
2	手指确认显示屏上屏蔽门图标已打开，口呼：“开左（右）门”	12 分	遗漏或错误扣分
3	站台立岗：斜向下 45°指向第 1 个屏蔽门	12 分	遗漏或错误扣分

续表

序号	考核项目	扣分值	说明
4	确认屏蔽门、车门全部打开，口呼“屏蔽门、车门开启”	12分	遗漏或错误扣分
5	全程采用手动关门，停站倒计时到达15至0秒，按压“关左（右）门”按钮，关闭车门	12分	遗漏或错误扣分
6	确认站台门和车门之间空隙安全，手指口呼“车门、屏蔽门、空隙安全”	12分	遗漏或错误扣分
7	确认门关好灯亮、站台门关好灯亮后，站在立岗处手指口呼“信号好、道岔好”	12分	遗漏或错误扣分
8	进入司机室后，确认地面信号和车载信号显示正确后手指呼唤“绿灯好”	12分	遗漏或错误扣分

六、思考题

（1）电客车进出站作业的实训流程是什么？

（2）进出站作业中站台立岗的具体步骤是什么？

任务八　正线驾驶作业

一、实训目的

（1）掌握正线驾驶作业的标准化流程。

（2）掌握正线驾驶作业的要求。

（3）学习城市轨道交通正线驾驶作业的相关业务知识。

二、理论链接

1. 行车凭证

CTC：无线通信移动闭塞，通过感应环线或无线通道建立地与车之间的双向连续通信，实现ATP保护下的AM驾驶。无线移动闭塞组织行车时，正线进路防护信号机无显示（处于灭灯状态），列车动车凭证为车载推荐速度码。

ITC：点式通信移动闭塞，通过线路上的应答器建立地与车之间的通信，实现ATP保护下的AM驾驶。点式移动闭塞组织行车时，正线进路信号机正常开放，列车动车凭证为车载推荐速度码及地面信号显示。

IXL：联锁控制级别，如果连续式或点式通信级故障，作为降级运行模式，可由标准色灯信号机系统为列车提供全面的联锁防护，在该级别下，司机需凭行调命令，确认地面信号后再动车。

电话闭塞法：因信号PC/ECC故障，采用电话闭塞法组织行车。以路票和车站发车手信号为行车凭证，司机以URM模式驾驶列车运行。

电话联系法：基地与正线间信号联锁系统故障时，基地与正线衔接站接发列车的行车组织办法，列车的行车凭证为电话记录号码和无线电发车指令。

URM 模式：无 ATP 保护下的人工驾驶模式，列车的行车凭证为行调的口头或书面命令。

2. 驾驶模式及使用规定

AM-C 模式：无线移动闭塞有 ATP 保护下的自动驾驶模式。司机动车凭证为车载 HMI 推荐速度码。

SM-C 模式：无线移动闭塞有 ATP 保护下，不超过推荐速度运行的人工驾驶模式，司机动车凭证为车载 HMI 推荐速度码（列车驾驶不允许超过推荐速度码）。

AM-I 模式：点式移动闭塞有 ATP 保护下的自动驾驶模式。司机动车凭证为车载 HMI 推荐速度码和地面信号显示。

SM-I 模式：点式移动闭塞有 ATP 保护下，不超过推荐速度运行的人工驾驶模式，司机动车凭证为车载 HMI 推荐速度码和地面信号显示（列车驾驶不允许超过推荐速度码）。

RM 模式：有 ATP 保护下限速 25km/h 的人工驾驶模式，司机动车凭证为行调命令和地面信号机显示；列车采用 RM 模式动车时，经行调同意后确认信号开放才能动车，如遇闯红灯要及时追问行调，确认安全后 RM 模式闯红灯运行。

URM 模式：无 ATP 保护下的人工驾驶模式，司机须人工保证车速及开门方向的正确性，司机需得到行调同意，方可切除 ATP 运行。恢复 ATP 时，要在停车关门状态下恢复。动车凭证为行调命令/路票和发车手信号/地面信号机绿灯。采用 URM 模式动车时，联锁正常时，根据线路允许条件限速行驶，列车最高限速 45km/h，联锁故障时最高限速 40km/h。

AR 模式：折返模式，分为有人折返和 DTRO 有折返轨的无人折返，有 ATP 保护。

注意：采用 SM 模式驾驶时，HMI 上有黄标和红标显示，黄标代表推荐速度码，红标代表紧制速度码。司机要按照 HMI 上黄标（推荐速度码）的速度驾驶列车，严禁超过推荐速度。当需越站通过时，根据 HMI 上越站图标的提示，进行相应操作。

3. 列车广播系统

（1）构成：列车广播系统由驾驶室设备、客室设备及辅助设备构成。驾驶室设备包括驾驶室广播系统主控设备、控制单元、驾驶室对讲装置等，客室设备包括客室主控设备、紧急报警器、客室噪声检测器、音响等。

（2）功能：列车广播系统可实现自动语音广播、半自动语音广播、人工语音广播、乘客紧急报警通话、广播优先级设置等功能。

（3）自动语音广播：列车广播系统根据接收到的速度信号、关门信号来启动自动语音播放，以及控制列车运行过程中的自动语音广播。自动语音广内容包括预报列车前方到站及其他服务类信息等。

（4）半自动语音广播：根据列车运行的状态列车驾驶员可通过操作广播系统主控面板上的按键，预报列车前方到站及其他服务类信息等。广播内容为预录制的语音信息。

（5）人工语音广播：列车驾驶员可利用麦克风对客室进行实时语音。

（6）乘客紧急报警通话：列车每个客室都设有两个紧急报警器，具有双向通话功能。乘客报警后，驾驶室内的蜂鸣器会发出声响报，同时，列车显示屏上会显示报警乘客的位置、列车编号、车厢编号等信息。接到报警后，列车驶员可与乘客进行语音通话，以便列车驾驶员根据现场情况采取相应措施。处理完毕后，列车驾驶员在操纵台上按下取消报警键，客室端报按键恢复为等待状态，结束报警通话。

（7）广播优先级设置：一般地，列车广播系统默认的广播优先级顺序为运营控制中心（OCC）对列车的广播（又称紧急广播）、乘客紧急报警、人工语音广播、自动语音广播及实时新闻广播。高级别广播可以打断低级别广播，低级别广播在高级别广播播报结束后自动恢复播放。例如，当紧急广播出现时，列车广播系统会自动撤销当前正在进行的自动广播，转而将紧急广播信忘送至客室。在使用广播系统进行广播作业过程中，列车驾驶员可根据需要修改广播优先级别。

（8）列车广播作业内容：在列车运营过程中，列车广播内容可分为常规广播、特殊广播、紧急广播、人工广播、服务及推广信息广播等，如图 2-8-1 所示。

广播内容	具体含义
常规广播	是指前方到站、列车到站、列车离站时播放的信息
特殊广播	是指在运营中出现特殊状况时的广播信息，如区间清客、紧急撤离等
人工广播	是指列车在运营中收到需要发布实时信息而进行的广播，如列车通过站台不停车、临时增加运营时间等
服务及推广信息广播	是指为乘客乘车提供更多帮助的广播，如开门方向提示、让座提示等

图 2-8-1

列车应急信息广播用语如图 2-8-2 至图 2-8-5 所示。

应急情况		广播用语	广播要求
列车临时停车	临时停车 不超过5 min	各位乘客，现在是临时停车，请您稍后，感谢您的谅解	故障列车驾驶员根据实际情况发布故障信息；接到行车调度员发布的信息及更新的信息后，播放2遍
	区间临时停车 超过5 min	各位乘客，因××故障，现在是临时停车，预计停车××分钟，感谢您的谅解	
	站内临时停车 超过5 min	各位乘客，因××故障，现在是临时停车，有急事的乘客请改乘其他交通工具，感谢您的谅解与合作	
列车清客	列车在站清客	各位乘客请注意，本次列车将退出运营，请全体乘客下车，感谢您的配合	系统自动连续播放直至清客完毕，人工操作终止
	列车在区间清客	各位乘客请注意，本次列车将退出运营，请听从工作人员的指挥下车给您出行带来不便我们深表歉意	
跳停	不停站通过	各位乘客请注意，由于运营调整，本次列车将不停站通过××站，请到××站的乘客提前下车	在乘客需要下车的前一站动车前播放2遍

图 2-8-2

应急情况		广播用语	广播要求
限速	限速运行	各位乘客，由于运营需要/天气原因，现需要限速行车，不便之处，敬请谅解	行车调度员发布限速广播命令后播放2遍
疏散乘客	列车发生险情	各位乘客请注意，由于发生险情，需要紧急疏散，请您不要惊慌，有序从列车头部/尾部/两端的驾驶室离开车厢，请听从工作人员的指引，迅速离开列车	按照OCC发布的信息，至少播报2遍（根据实际疏散情况把控播放遍数）
开错门	发生错开车门	各位乘客请注意，列车车门错开，请不要靠近	发现开错门时第一时间广播
救援	区间故障救援	各位乘客请注意，由于临时故障，请您耐心等候，请勿触动车上的设备，请勿靠近车门，感谢您的理解与配合	连续广播，直至动车

图 2-8-3

应急情况		广播用语	广播要求
触发紧急制动	运行中车门解锁	请解锁车门的乘客注意，请勿靠近车门，以免发生危险	发现故障后第一时间播放2遍
车门故障	车门发生故障需旁路处理	各位乘客请注意，由于车门故障，为了您的安全，请勿靠近车门，谢谢合作	每个区间播放1遍
屏蔽门故障	部分屏蔽门无法打开	各位乘客，因部分屏蔽门无法打开，请从开启的屏蔽门处下车，感谢您的配合	开门前播放1遍
	全部屏蔽门无法打开	各位乘客，因屏蔽门无法打开，请按照屏蔽门开门指示，打开屏蔽门下车，感谢您的配合	

图 2-8-4

应急情况		广播用语	广播要求
火警	车厢内发生火情	各位乘客请注意，车厢内发生火情，请保持镇定，取出座位底下的灭火器扑灭火源，请勿触动列车上的其他设备，工作人员马上到现场进行处理	接到火灾消息后，系统自动每2 min播放1遍，人工操作终止
报警	乘客报警	报警乘客请注意，报警系统已启动，为了您和他人的安全，请勿触动列车上其他设备，请勿靠近车门保持镇定，将有工作人员协助处理	接到乘客报警信息后，系统自动每2 min播放1遍人工操作终止

图 2-8-5

4. 作业内容

（1）驾驶姿势。

运行中认真确认和监护列车前方进路的情况，身体正直坐于司机操作座椅上右手放于操作台的牵引制动手柄上，左手靠操作台鸣笛按钮放置，禁止做与行车无关的事。

（2）最优先级驾驶模式（ATO）。

ATO驾驶过程中，司机注意对线路、接触网、车辆状态的查看及对报站的监听确认，做到"车动集中看、瞭望不间断"，值乘过程中不做与行车无关的事。

（3）手动驾驶。

① RM模式驾驶时按照推荐速度行车，防止超速产生紧急制动。

② RM 模式驾驶时，需熟悉正线行车速度曲线调整，做好预想，提前响应，避免不及时，造成列车紧急制动或晚点。

③ RM 模式驾驶过程中，加速时，平稳加速，制动时，长距离制动，防止列车冲动影响乘客舒适度。

④ 列车进站未能停到停车窗，则手动驾驶重新对标，小牵引小制动，确保平稳驾驶。

⑤ 在牵引测试时，逐步加大牵引测试，直至全牵引测试，防止因牵引力不足导致无法动车。

（4）故障级驾驶模式（URM）。

① 司机严格控制好速度，区间根据线路限速要求驾驶，最高限速45 km/h。

② 进站注意控制速度及制动距离，按照地面停车标停车。

③ 经过侧向道岔时，列车尾部全部出清后再加速。

④ 车门、站台门不联动，手动打开车门、站台门。

⑤ 明确调令，按照调令指示行车。

⑥ 严格执行"先上站台后开门"制度。

⑦ 进出折返线前联系行调，凭调度命令进行折返作业。

⑧ 加强信号机、道岔、进路的确认。

⑨ 作业标准化：司机在正线驾驶过程中严格执行作业标准化，手比眼看口呼，做到手到、眼到、口到、心到。

三、实训要求

1. 实训时间

教学课时为2课时。

2. 实训形式

电脑实训系统模拟实训。

3. 安全注意事项

（1）未经教师或管理员允许不得擅自操作。

（2）需要提前了解电客车正线驾驶作业的基本流程。
（3）电脑只允许打开实训系统，不得进行其他操作。

四、实训操作步骤

1. 实训作业流程（图 2-8-6）

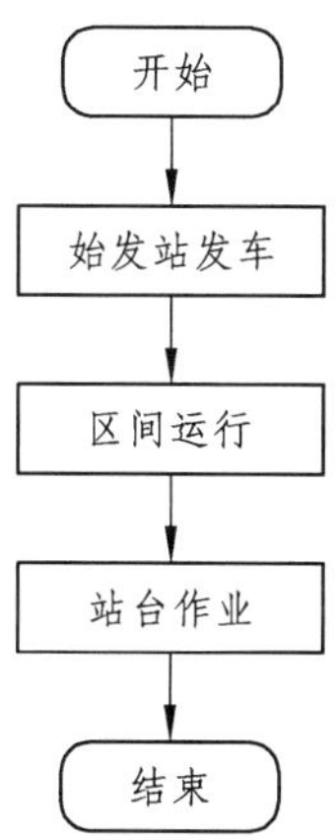

图 2-8-6　正线驾驶作业流程

2. 实训作业流程（表 2-8-1）

表 1-2-8-1　实训作业流程

工序	实训内容	具体步骤	作业结果记录
1	始发站发车	（1）列车发车前，确认地面信号和车载信号显示正确后，手指呼唤“绿灯好。” （2）自动驾驶。 ① 将机械间列车激活按钮打至“合”位。 ② 打开司机电钥匙。 ③ 升弓。 ④ 合主断。 ⑤ 缓解停放制动按钮。 ⑥ 将方向开关打至“前”位。 ⑦ 将驾驶模式选择旋钮打至“PM”模式。 ⑧ 按下 ATO 模式按钮，同时按下司机操作台 ATO 启动按钮，启动列车	
2	区间运行	（1）当启动 ATO 模式时，将主控制器手柄置于“0”位，方向手柄置于“前”位，按下操纵台上“ATO 启动”按钮，驾驶室显示屏上即出现 ATO 指示。 （2）列车自动运行时，应随时保持警惕，将双手放于操纵台上（有些城市轨道交通企业要求列车驾驶员将右手轻放在主控制器手柄上），双眼目视前方，不间断瞭望，确保行车安全	

续表

工序	实训内容	具体步骤	作业结果记录
2	区间运行	（3）遇区间信号机或道岔时，手指口呼确认信号机显示及道岔位置正确。 （4）列车运行过程中，要正确播放广播，通过 CCTV 画面观察车厢内情况，监督 ATP/ATO 的显示状态。 （5）列车进站时，要瞭望站台情况。当列车运行至站台中部时，手指确认列车减速制动。列车到站开门后，应将主控制器手柄置于制动区。 （6）开车前确认广播设置正常，手指口呼“广播正常”	
3	站台作业	为了保证行车安全和乘客人身安全，在 ATO 模式下，车门的控制般采用“半自动”方式，即 ATO 控制车门自动打开列车驾驶员手动关闭车门。 在 RM 模式下车门的控制通常采用“手动”方式，即车门的开/关由列车驾驶员人工控制	

五、实训考核标准（表2-8-2）

表 2-8-2　实训考核标准

序号	考核项目	扣分值	说明
1	列车发车前，确认地面信号和车载信号显示正确后手指呼唤“绿灯好”	30 分	不确认扣分
2	列车自动运行时，应随时保持警埸，将双手放于操纵台上	14 分	双手随意放置扣分
3	双眼目视前方，不间断瞭望，确保行车安全	14 分	没有瞭望意识扣分
4	遇区间信号机或时，手指口呼确认信号机显示正确	14 分	遗漏或错误扣分
5	遇道岔时，手指口呼确认道岔位置正确	14 分	遗漏或错误扣分
6	列车进站时，要瞭望站台情况	14 分	没有瞭望意识扣分

六、思考题

行车凭证包括哪些？

任务九　中间站折返作业

一、实训目的

（1）掌握中间站折返作业的标准化流程。
（2）掌握中间站折返作业的要求。
（3）学习城市轨道交通中间站折返作业的相关业务知识。

二、理论链接

1. 中间站折返概念

中间站折返即小交路折返，是指因发生特殊情况，线路不能满足列车正常运行或行车调度员根据客流情况调整列车运行方向，而采用在中间车站站台完成折返的一种行车方式。

2. 中间站折返模式

中间站折返模式根据折返路线可分为渡线折返和折返线折返，按照折返线路的位置又可以分为尽头式折返和贯通式折返，按照折返方式又可以分为尽头式折返和贯通式折返及站前站后混合折返。站前折返是指在列车前进方向的到达咽喉进行折返作业的模式，站后折返是指在列车前进方向的出发端进行折返作业的模式。

3. 过渡线折返

过渡线折返主要是利用渡线沟通上下行正线，借助于行车正线实现列车的转线运行。站前渡线折返主要有单线和交叉渡线折返两种形式。在中间折返采用单渡线折返时，有直进侧出和侧进直出两种模式，如图 2-9-1 和图 2-9-2 所示。

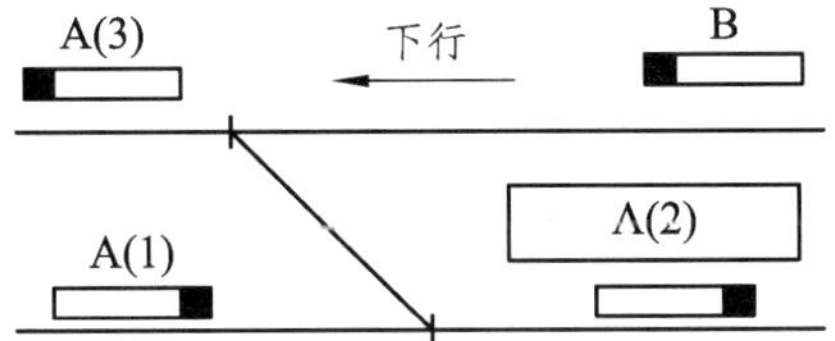

图 2-9-1　中间站站前单渡线折返

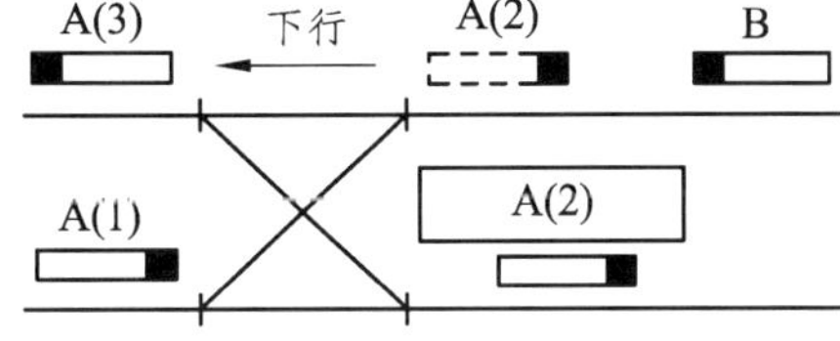

图 2-9-2　中间站站前交叉渡线折返

（1）站前站后折返线折返模式。

折返线折返模式主要包括站后纵列式折返和站前横列式折返。站后纵列式折返是利用上下行正线间站台产生的空隙设置一条折返线，如图 2-9-3。站前横列式折返主要有一岛一侧式和双岛式两种：在中间折返站兼具换乘功能的车站，一般采用双岛式横列折返，便于同台换乘；而一岛一侧横列式折返，在车站建设工程费用等方面有一定的优势，如图 2-9-4 所示。

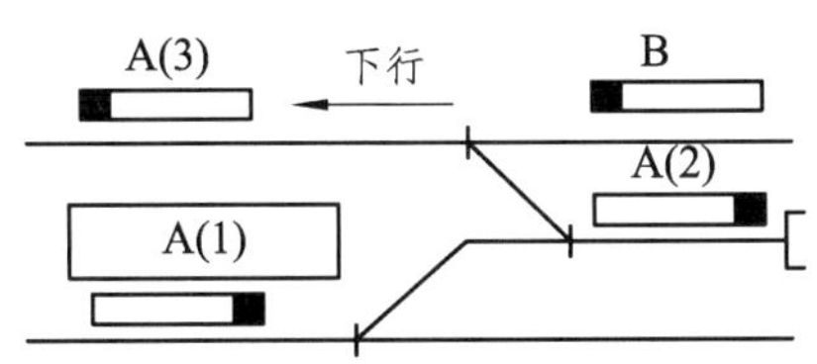

图 2-9-3　中间站站后纵列式折返线折返

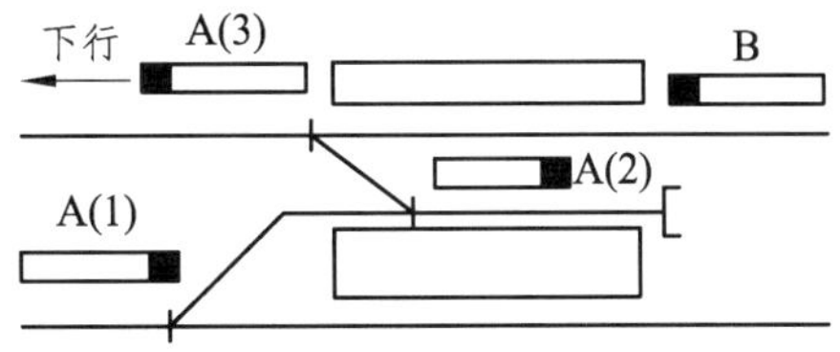

图 2-9-4　中间站站前横列式折返线折返

（2）双向折返模式。

在列车交路采用衔接交路或是嵌套衔接交路时，中间折返站需要具备双方向折返的功能，根据折返线布置的不同，双方向折返主要有站前渡线折返和站后折返线折返两种。

站前单渡线折返可以采用直进侧出和侧进直出两种形式。在一般情况下，直进侧出比侧进直出双方向进路干扰要小一些。双方向站后折返线折返，主要采用总列式折返模式，利用站台间空隙，在车站两端分别延设两条折返线，供双方向列车进行折返作业，如图 2-9-5 和图 2-9-6 所示。

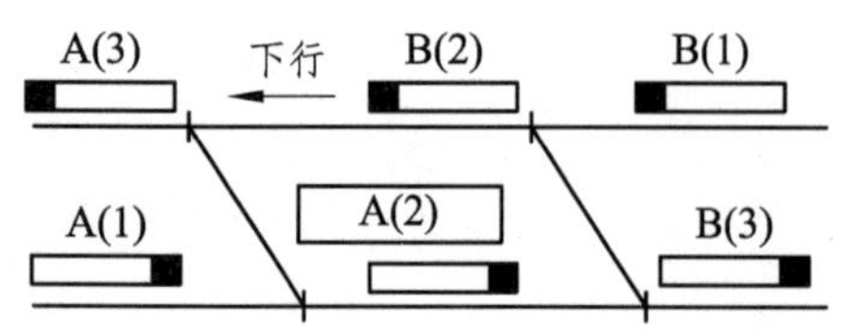

图 2-9-5 中间折返站双向站前单渡线折返

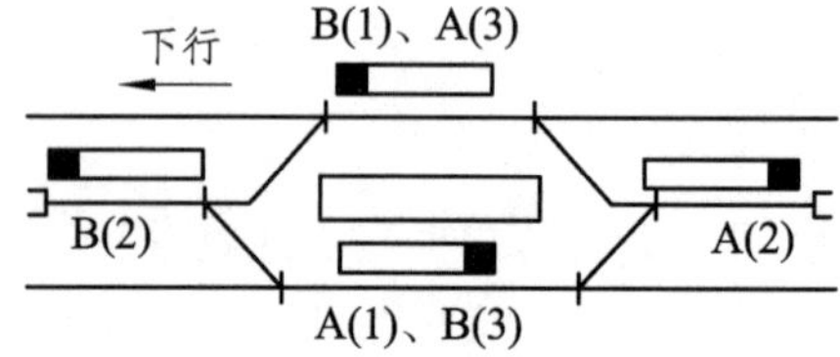

图 2-9-6 中间折返站双向站后折返线折返

三、实训要求

1. 实训时间

教学课时为 2 课时。

2. 实训形式

电脑实训系统模拟实训。

3. 安全注意事项

（1）未经教师或管理员允许不得擅自操作。

（2）需要提前了解电客车中间站折返作业的基本流程。

（3）电脑只允许打开实训系统，不得进行其他操作。

四、实训操作步骤

1. 实训操作流程（图 2-9-7）

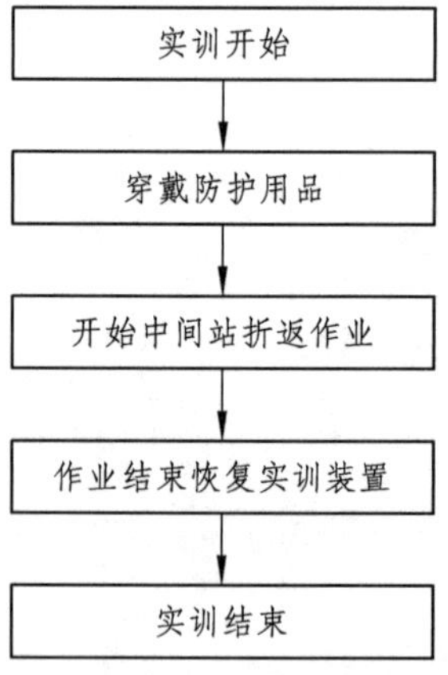

图 2-9-7 实训作业流程

2. 实训作业流程（表 2-9-1）

表 2-9-1　实训作业流程

工序	实训内容	具体步骤	作业结果记录
1	中间站折返作业	当收到行车调度员指令需要启动中间站折返作业时，认真复诵行车调度员指令，并在司机日志上记录相关调度命令内容	
		及时做好乘客广播作业：“各位乘客，因运营组织需要，本次列车终点站为××站，请各位乘客到站后下车，给您带来不便深表歉意”	
		列车到站停稳后，打开车、屏蔽门进行人工语音清客，凭站务人员清客“好了”手信号关门，并按照行车调度员的指示执行	
		确保客室内无乘客遗留	
		在进入折返线、存车线时，列车驾驶员必须认真确认信号、道岔位置是否正确，一旦发现异常，立即停车	
		在折返线、存车线停稳后，列车驾驶员按照行车调度员的指示执行	

五、实训考核标准（表2-9-2）

表 2-9-2　实训考核标准

序号	考核项目	扣分值	说明
1.	收到行车调度员中间站折返作业指令	10 分	没有收到指令就执行折返扣分
2.	认真复诵行车调度员指令	15 分	没有复诵扣分
3.	在司机日志上记录相关调度命令内容	15 分	没有记录扣分
4.	及时做乘客广播作业	15 分	遗漏或错误扣分
5.	到站停稳后人工语音清客	15 分	遗漏或错误扣分
6.	列车驾驶员必须认真确认信号、道岔位置是否正确	15 分	遗漏或错误扣分
7.	按照行车调度员的指示执行	15 分	遗漏或错误扣分

六、思考题

（1）中间站折返的流程是什么？

（2）中间站折返模式都包括哪些？

任务十　终点站折返作业

一、实训目的

（1）掌握终点站折返作业的标准化流程。

（2）掌握终点站折返作业的要求。

（3）学习城市轨道交通终点站折返作业的相关业务知识。

二、理论链接

1. 概念

城轨列车于某一方向运行到达终点站（或折返站）站台后，经过折返线或折返道岔进行转线、换端，将列车转为另一运行方向的起点站站台，准备继续运行的作业过程称为折返作业。

终点站折返通常分为分为站前折返和站后折返线折返两种形式。在站台前段设置辅助线，在站台末端前完成折返掉头的折返方式称为站前折返，在车站后端设置辅助线，列车在站台清客后完成掉头折返称为站后折返，如 2-10-1 图所示。

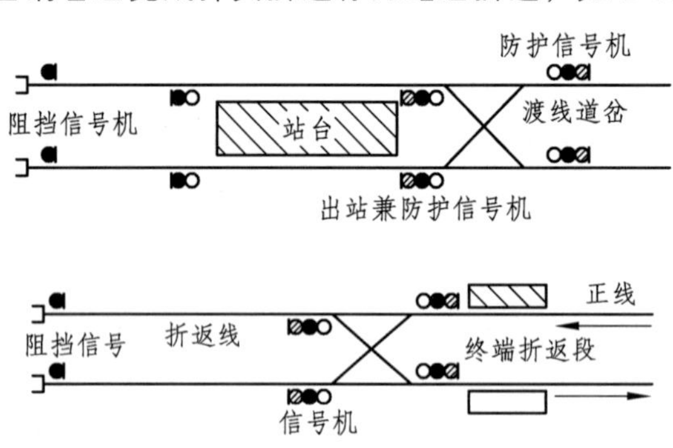

图 2-10-1　终点站折返

2. 折返原理

（1）使用折返轨进行列车无人折返。

当线路等级为 GoA1-GoA2 且信号采用 CBTC 级别运营时，在有自动折返（ATB，Automatic Turn Back）功能的车站，ATP/ATO 车载计算机单指示列车自动折返操作准备完毕，利用“自动折返”按钮启动折返操作，ATP/ATO 车载计算机单元就会执行折返运行。当车门关闭、司机关断主控钥匙并且 ATP/ATO 车载计算机单元得到一个移动授权，ATO 就会驾驶列车进入折返轨。当列车停稳，ATP/ATO 车载计算机单元就会执行交换驾驶室功能。当新的进路设定后，ATP/ATO 车载计算机单元从 ATP 轨旁计算机单元得到移动授权，ATO 就会驾驶列车驶入车站相反侧的站台。列车再次停稳后，司机确认车/屏蔽门开启后，激活操纵台。

（2）使用折返轨进行列车无人折返。

当线路等级为 GoA3-GoA4 时，列车自动完成折返作业，无需使用“自动折返”按钮，随车司机需确认折返进路、道岔、折返终点停车位置，若全自动运行模式时自动折返换端失败，司机按照行车调度员指令人工进行折返换端。

（3）停稳时的列车自动换端。

ATO 模式下人工驾驶进行自动折返，列车以 ATO 模式进折返线停稳后司机按压折返按钮后换端，司机确认进路开放后开铜匙按压 ATO 按钮，列车自动运行至发车站站台自动开门上下客。

（4）手动换端原理。

ATP 防护下的人工驾驶，列车的折返操作由司机来执行，ATP 进行监督，在这种情况下无 ATO 自动驾驶模式。当所有车门和屏蔽门关闭后，司机人工驾驶列车到折返轨，更换操纵台并驾驶列车到出发站台，然后人工打开车门和站台屏蔽门。

三、实训要求

1. 实训时间

教学课时为 2 课时。

2. 实训形式

电脑实训系统模拟实训+分组模拟表演（将学生分成若干组，每组 4～5 人，选出 1 名组长，每两组为一队，各组长选出交班司机、接班司机、站务人员、旁白。其中一组学生模拟自动折返作业，另外一组学生模拟人工折返作业。

3. 安全注意事项

（1）未经教师或管理员允许不得擅自操作。

（2）需要提前了解电客车终点站折返作业的基本流程。

（3）电脑只允许打开实训系统，不得进行其他操作。

四、实训操作步骤

1. 实训操作流程（图 2-10-2）

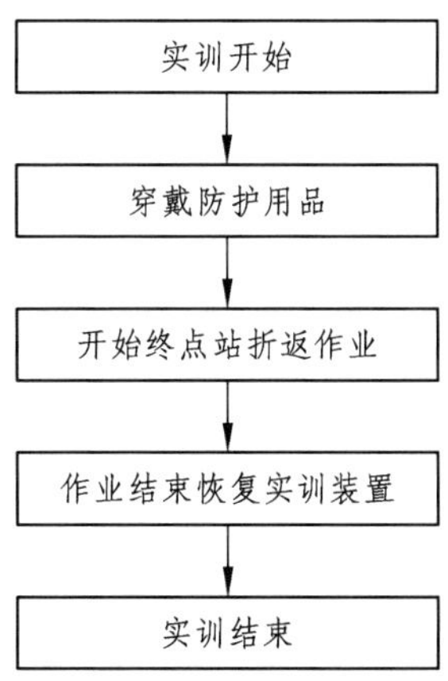

图 2-10-2　实训操作流程

2 自动折返作业——站后折返线折返实训作业流程（表 2-10-1）

表 1-2-10-1 站后折返作业流程

接班司机	交班司机
1. 按所接车次到达站台时间提前 1 分钟到站台尾端墙第一客室门处，做好接车准备	2. 列车终点站上/下行到达站台对标停稳、停准，打开车门、站台门
3. 司机从客室进入司机室，按压司机室对讲按钮，口呼“接车司机已上车”	4. 司机进入司机室，与接车司机建立通话，确认接车司机已上车
	5. 打开通道门确认乘客已下车完毕，到站台立岗
	6. 确认车站显示清客“好了”信号，完成关门作业，确认站台门/车门关好，进入司机室确认模式选择开关在手动/ATO 位，按正常程序折返作业
	7. 确认进路信号机显示正确、道岔位置正确、有速度码，按规定速度动车进入折返线
9. 司机通过 DDU 确认到达端断开主控钥匙，与到达司机进行交接，交接完毕关闭司机对讲	8. 停车后，将模式选择开关打至“OFF”位，按压自动折返按钮，关闭主控钥匙，通过司机对讲告知接车司机主控钥匙已关断到位
10. 确认自动折返指示灯亮，开主控钥匙，确认折返成功，进路信号机显示正确、道岔位置正确、有速度码，按规定驾驶模式及速度动车到站台对标停车	11. 司机确认列车从折返线动车后通过客室通道进入客室（动车后再离开司机室，手推隔间门确认锁闭到位）
12. 列车对标停稳后，确认站台门、车门打开，司机进入驾驶室设置报站，填写报单，完成后在站台立岗监视乘客上车情况	13. 到达司机从客室下车（遇非载客列车司机通过司机室门下车，确认侧门关闭，然后使用 800M 手持台告知到达司机已下车）
14. 乘客上下完毕后，按照《锯齿图》发车点，关闭车门	
15. 进入驾驶室，再次确认前方道岔开通正确位置、进路信号显示正确后，凭速度码动车	

3 自动折返作业——站前折返（表 2-10-2）

表 2-10-2 站前折返作业流程

接班司机	交班司机
1. 按所接车次到达终点站的时间提前 1 分钟到终点站站台头端墙第一客室门处，做好接车准备	2. 按照《锯齿图》发车点凭推荐速度运行至终点站站台对标停稳，打开车门、站台门
3. 司机从客室进入司机室，按压司机室对讲按钮，口呼“接车司机已上车”	4. 司机确认接车司机上车后，确认折返灯闪，模式选择开关打至“OFF”位，按压折返按钮，关闭主控钥匙，通过司机对讲告知接车司机主控钥匙已关断到位

续表

接班司机	交班司机
5. 司机通过 DDU 确认到达端断开主控钥匙，与到达司机进行交接，交接完毕关闭司机对讲	
6. 司机确认自动折返指示灯闪，开主控钥匙，至站台立岗。填写司机报单，确认列车车次和目的地码正确，报站设置正确	7. 司机带齐随身物品从客室下车
8. 根据《锯齿图》发车时间，关门。确认进路信号机显示正确、道岔位置正确，凭推荐速度动车	

4 人工折返作业——站后折返线折返（表 2-10-3）

表 2-10-3　人工折返站后折返作业流程

接班司机	交班司机
1. 按所接车次到达终点站的时间提前 1 分钟到站台尾端墙第一客室门处，做好接车准备	2. 列车终点站上/下行到达站台对标停稳、停准，打开车门、站台门
3. 司机从客室进入司机室，按压司机室对讲按钮，口呼“接车司机已上车”	4. 司机进入司机室，与接车司机建立通话，确认接车司机已上车
	5. 打开通道门确认乘客已下车完毕，到站台立岗
	6. 确认车站显示清客“好了”信号，完成关门作业，进入司机室
	7. 汇报行调，得到行调动车指令后，确认道岔位置正确，按规定速度，RM/URM 动车进入折返线
9. 司机通过 DDU 确认到达端断开钥匙后，按压司机对讲，与到达司机进行交接。交接完毕关闭司机对讲	8. 停车后，将模式选择开关打至“OFF”位，关闭主控钥匙，通过司机对讲告知接车司机主控钥匙已关断到位(如为 URM 模式驾驶，则“ATP 故障隔离开关”打至“正常”位)
10. 开主控钥匙（若行调要求继续 URM 模式驾驶，则将“ATP 故障隔离开关”打至“隔离”位)，联系行调确认动车凭证、道岔位置正确，按规定驾驶模式及速度动车到站台对标停车	11. 司机确认动车后通过客室通道进入客室
12. 列车对标停稳后，手动打开站台门、车门，确认后端司机下车，司机进入驾驶室设置报站，填写报单，完成后在站台立岗监视乘客上车情况	13. 到达司机从客室下车(遇非载客列车司机通过司机室门下车，确认侧门关闭，然后使用 800M 手持台告知到达司机已下车)
14. 乘客上下完毕后，按照《锯齿图》发车点，关门	
15. 进入驾驶室，再次确认前方道岔开通正确位置、确认动车凭证动车	

5 人工折返作业 ——站前折返（表 2-10-4）

表 2-10-4 人工折返站前折返作业流程

接班司机	交班司机
1. 按所接车次到达终点站的时间提前 1 分钟到终点站站台头端墙第一客室门处，做好接车准备	2. 根据行调命令运行至秣周东路下行站台对标停稳，将预选模式升为 AM-C，若直接升级成功，则按照 CTC 模式进行操作（C2），否则，手动打开车门、站台门
3. 司机从客室进入司机室，按压司机室对讲按钮，口呼“接车司机已上车”	4. 司机确认接车司机上车后，关闭车门、站台门，将站台门钥匙打至“复位”位，回到司机室，将模式选择开关打至“OFF”位，关闭主控钥匙，通过司机对讲告知接车司机主控钥匙已关断到位
5. 司机按压司机室对讲按钮，与交班司机进行工作交接	
6. 司机通过 DDU 确认到达端断开钥匙后，打开主控钥匙，至站台立岗，手动打开车门及站台门（不联动）。填写司机报单，确认列车车次和目的地码正确，报站设置正确	7. 司机带齐随身物品从客室下车
8. 根据《锯齿图》发车时间，关闭车门、站台门，将站台门钥匙打至“复位”位。根据推荐速度动车或根据行调命令 RM/URM 模式动车，加强信号机、道岔、进路的确认	

五、实训考核标准（表2-10-5）

2-10-5 实训考核标准

序号	执行内容	执行标准	配分
交班司机进站开关门及交接作业			
1	进站停稳，车门打开后，确认站台门、车门开启	参照进出站作业执行，此处不评判	15
2	通过预置的清客广播清客	通过车辆显示屏，选择预置的“终点站清客”广播，进行清客	15
3	待接班司机到达后，与接班司机进行交接作业	交接内容：车次、行调命令、故障（用语：“××次，车况良好，运行正常”）	15
4	接班司机复诵	接班司机复诵：“××次，车况良好，运行正常”	15
5	确认清客完毕，准备关门	确认车站给出清客“好了”口呼：“好了信号有”	20
6	关闭车门	行为动作参照进出站作业执行	20

续表

序号	执行内容	执行标准	配分
交班司机折返作业			
1	驾驶模式转“OFF”位	手指驾驶模式选择开关，口呼：“转OFF”，将驾驶模式转“OFF”位	15
2	将主控手柄和方向开关置于“0”位置	将主控手柄和方向开关置于“0”位置	15
3	激活无人驾驶折返模式	按压“无人驾驶折返模式”按钮	15
4	确认无人驾驶折返模式激活	眼看、手指折返按钮，口呼：“无人驾驶折返模式黄灯亮，无人驾驶折返模式激活”	15
5	关闭主控钥匙并取出	关闭主控钥匙并取出	20
6	将主控钥匙交给接班司机	将主控钥匙交给接班司机	20
接班司机自动折返作业			
1	确认交班司机已下车，确认信号、道岔	手指信号机/道岔，口呼：“信号正确、道岔位置正确，推荐速度有”	10
2	按压 ATO 启动按钮，启动列车折返	同时按下两个“ATO 启动”按钮，列车开始自动折返	10
3	携钥匙走到另外一端司机室	携钥匙走到另外一端司机室	10
4	等待列车自动折返完成	等待列车自动折返完成	10
5	折返完成后，激活换端后的司机室	将主控钥匙插入主控制器钥匙开关中，将钥匙转至“开”位置	10
6	方向置前	将方向手柄置“前”位	10
7	驾驶模式打至“PM”位	驾驶模式打至“PM”位	10
8	进行站台开关门作业	参照进出站作业执行	15
9	以 ATO 模式启动列车运营	启动列车，以 ATO 模式继续运营	15

六、思考题

（1）终点站折返作业分为几种形式？

（2）简单画出终点站站前折返和站后折返设备布置图。

任务十一　司机退勤

一、实训目的

（1）掌握司机退勤作业的标准化流程。

（2）掌握司机退勤作业的要求。

3 学习城市轨道交通司机退勤作业的相关业务知识。

二、理论链接

1. 特殊状况出退勤规定

（1）在车辆段/车场内交班时，到运转室/派班室退勤，在正线交班时，到规定车站派班室退勤。

（2）执乘司机要亲自退勤不得代理退乘。

（3）退勤时，须按要求逐项完成退勤作业手续，不得简化作业。

2. 不得退勤规定

（1）不在规定退勤地点时。

（2）设备备品不清时。

（3）接班司机未到岗时。

（4）发生车辆故障或行车事件未交接清楚时。

（5）会议室及换乘室卫生不清洁时。

（6）交接班期间，如遇接班司机没及时到岗时，下班司机必须坚持将列车开到终点站后，再听从司机长安排。

（7）不具备退勤的其他情况。

三、实训要求

1. 实训时间

教学课时为 2 课时。

2. 实训形式

以 3～4 人为一组，分别扮演司机、派班员、司机长等角色，根据退勤任务的标准化流程进行演示，以达到掌握退勤流程的目的。

3. 安全注意事项

（1）提前准备好自身行车备品（如司机手账等）。

（2）在演示过程中应尽可能还原真实场景，不得随意嬉戏打闹。

（3）提前准备好行车备品包，包括：手持台、运营时刻表等。

4. 工器具材料准备

（1）自身行车备品：司机手账、规章文本（故障应急处置操作手册）、司机驾驶证等。

（2）行车备品包：800M 手持台、方孔钥匙、主控钥匙、手电筒、手套、胶带、运营时刻表等。

注：以上不常见物品可以找身边物品代替。

四、实训操作步骤

1. 实训操作流程（图 2-11-1）

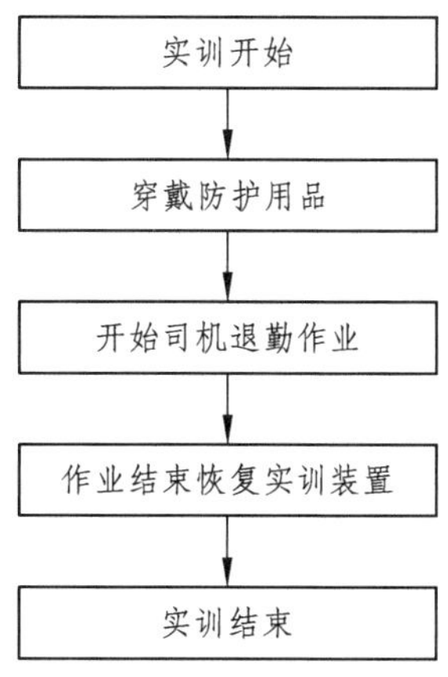

图 2-11-1　实训操作流程

2. 实训作业流程（表 2-11-1）

表 2-11-1　实训作业流程

工序	实训内容	具体步骤	作业结果记录
1	基地退勤	（1）按照规定速度驾驶列车，在规定的位置停车，抄录公里数，按要求降弓、休眠（特殊情况时除外）。携带时刻表、手持台、主控钥匙、方孔钥匙等物品下车，锁闭司机室门至派班室退勤。司机离开列车时，将列车车门锁闭，不得交由其他人员作业（信号楼调度明确要求的除外）。 （2）与派班员交接行车备品包（手持台、方孔钥匙、主控钥匙、手电筒、手套、胶带等）、列车时刻表、司机出库检查确认表、司机报单，交接清楚后回答派班员提问，并在《司机日志》上签字或盖章，了解入住房间号后，至相应房间休息。 （3）司机在派班室退勤后，立即回到司机公寓休息，并在司机公寓签到簿上签字，公寓侯班期间严禁外出	
2	正线退勤	（1）站台交接班完毕，交班司机在安全线内目送列车安全离站，至正线换乘室退勤。 （2）交司机报单并向司机长汇报运营情况，当班过程中处理事故事件时，规范填写事故事件报告单，进行班后“三交三问”答题，了解下个班担当列车车次、出勤时间等情况，开交班会	

五、实训考核标准（表2-11-2）

表 2-11-2 实训考核标准

序号	考核项目	扣分值	说明
1	规定的位置停车	16 分	停车位置不准确扣分
2	携带时刻表、手持台、主控钥匙、方孔钥匙等物品下车	16 分	遗漏扣分
3	锁闭司机室门至派班室退勤	17 分	遗漏扣分
4	与派班员交接行车备品包	17 分	遗漏扣分
5	交接清楚后回答派班员提问	17 分	遗漏扣分
6	在《司机日志》上签字或盖章	17 分	遗漏扣分

六、思考题

（1）司机退勤有几种情况?

（2）遇到哪些情况时，不得退勤?

项目三 DC 600 V 机车直流供电系统的认知

任务一 DC 600 V 机车直流供电系统的认知

一、实训目的

通过实训，学生可以对 DC 600 V 机车直流供电系统有一整体认知。

二、理论链接

本车由机车集中供电，供电电压为直流 600 V，分两路供电。通过电气综合控制柜供电选择开关将其中一路 600 V 直流电送入车下逆变电源装置（简称逆变器）及 110 V 电源装置（简称充电器）。逆变电源将 600 V 直流电逆变成三相 AC 380 V、电气综合控制柜机车电源 DC 600 V 400 kW 机车电源 DC 600 V 400 kW 集中控制器电气综合控制柜 DC 110 V 逆变器 2×35 kW 充电器 8 kW 空调采暖照明逆变器 2×35 kW 充电器 8 kW 空调采暖照明 DC 600 V 供电系统原理框图 50 Hz 交流电，向空调装置和电茶炉及电炊设备等三相交流用电负载供电，隔离变压器输出三相 AC 380 V 向伴热系统、冰箱、微波炉等其他三相交流用电负载供电。充电器将 600 V 流电变换成 110 V 直流电，给蓄电池组充电的同时向照明、供电控制等负载供电。采用、路双路供电，根据需要可手动或自动选择路（路）供电。编组时原则上路、路负载应均衡，例如电源经贯通全列车的输电干线由车底线槽引入车内铁路客车电气综合控制柜，经分配后供给车内各用电设备。车内各用电设备金属外壳均就近接地。同类负载间采用环线接线方式。该型车的电气装置主要由车内电气装置、车底电气装置、端电气装置三部分组成。

车内电气装置车内电气装置主要由车内电气设备、配电线路、电气监控系统、照明控制、列车网络组成。

（1）车内电气设备。

车内电气设备分交流和直流两种。AC 380/220 V 50 Hz 交流设备：管路伴热、塞拉门伴热、集便器伴热、通风机、空调机组、电源插座等。DC 600 V 直流设备：客室电热器、温水箱、电开水炉 DC 110 V 直流设备：照明灯、轴报装置、防滑装置、电控塞拉门、电动内端门、电动隔门、空调控制、温水箱控电开水炉控制等。

（2）配电线路。

布线时，按照 TB/T 1759—2003《铁道客车布线规则》中电线电缆的分类执行。

（3）电气监控系统。

电气监控系统主要由电气综合控制柜、网络传输电缆等组成。电气综合控制柜是 DC 600 V 供电，集电源转换控制、空调机组控制、照明控制等功能单元丁 体的智能型兼容控制柜。网络传输电缆，轴温报警器网关、防滑器网关、车下电源箱网关通过 RS-232 或 RS-485 通信接口实现 PLC 到安全记录仪之间、轴温报警器到 PLC 之间、防滑器到 PLC 之间、车下电源箱到 PLC 之间数据传递。如图 3-1-1 和图 3-1-2 所示。

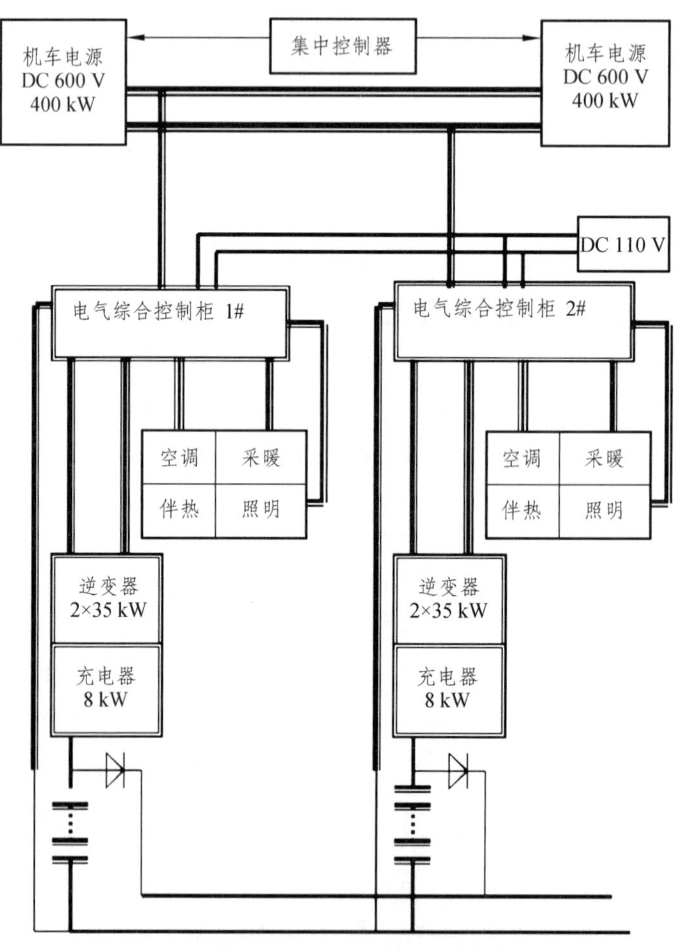

图 3-1-1　供电系统原理

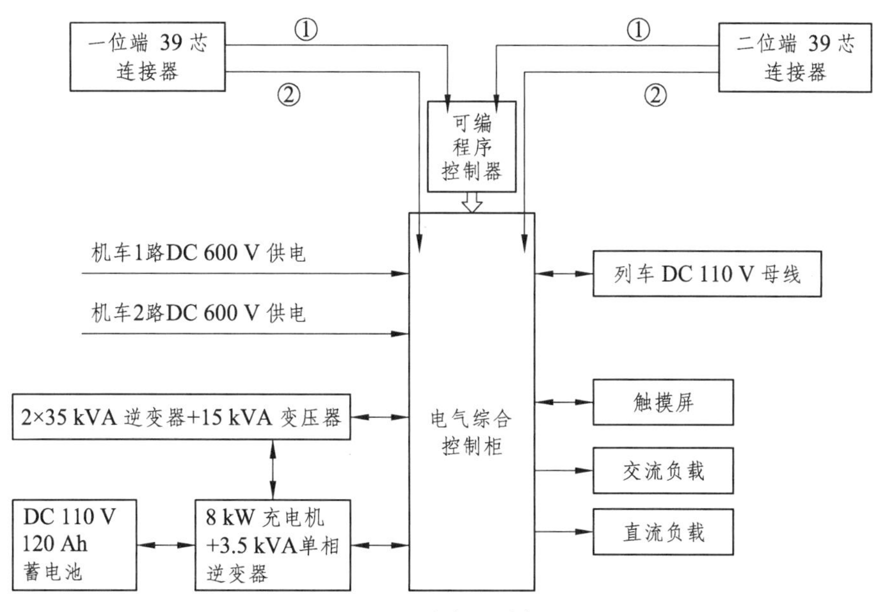

图 3-1-2　电气系统框图

（4）照明控制。

餐车电气综合控制柜盘面上设照明转换开关，座车、硬卧、软卧在乘务员室组合控制柜设照明转换开关，照明转换开关有三个档位：“停位”“终夜灯”“半夜灯”。通过操作该照明开关可以方便控制本车照明。

（5）列车网络。

通过车 GPRS 天线将车辆的运行数据及车内电气工作状态发送给地面接受装置，实现车对地的无线通讯。

车端电气装置主要有：KC20D 型电力连接器插座（2 个/端），KTL39GX 型通讯连接器插座（2 个/端），侧灯插座（一、四位角各设 1 个），电力连接器插头对（2 组/辆），39 芯通讯连接器插头对（2 组/辆），SL21 连接器插头对（2 组/辆）。编组连挂时各客车间由各类连接器相应插头对联接，构成整个列车的供电网络、集中控制网络。

为满足铁路客车跨越式发展的需要，国铁集团和各客车生产厂家参照了国外供电制式并结合我国国情和技术现状，对电气化铁路客车电气系统进行了标志性的改进，最终确定了电气化铁路段客车 DC 600 V 供电方式。

在电气化区段，新研制的客运（SS7、SS8、SS9）电力机车的列车辅助供电装置将受电弓接受的 25 kV 单相高压交流电降压、整流、滤波成 DC 600 V 直流电，机车上安装了两套 DC 600 V 电源装置，两套装置分两路通过 KC20D 连接器向空调客车供电；空调客车通过综合控制柜自动（按车厢号分奇偶选择）将其中 DC 600 V 送入逆变电源装置（简称逆变器箱，型号：25T-2×35 kVA+12 kVA，包括两个 35 kVA 逆变器和一个 12 kVA 三相四线制隔离变压器）及 DC110V 电源装置（简称充电器箱，型号：25T-8 kW+3.5 kVA，包括一个 8 kW 充电器和一个 3.5 kVA 单相不间断逆变器）。2X35 kVA 逆变器将 DC 600 V 逆变成两路三相 50 Hz、AC 380 V 交流电，向空调装置、电开水炉等三相交流用电负载供电；8 kW 充电器将 DC 600 V 变换成 DC 110 V 直流电，给蓄电池组充电的同时向照明、供电控制等直流负载供电；客室电热和温水箱采用 DC 600V 直接加热。

采用 2×35 kVA 逆变器供电，主要从两方面考虑：一是 25T 客车除空调机组外，还新增加了许多设备，单车负载容量较大；另一方面是为了适应新的运行方式，增加供电系统的可靠性和安全性。两个逆变器其中一个主要给空调机组供电，另一个给开水炉、伴热等交流负载供电；正常情况下，两个逆变器相互独立，互为热备份。但当其中一个发生故障时，由另一个负责继续向负载供电，只是部分受控负载要减载运行（如空调机组转入半冷或半热工况）。客室电热器、温水箱等电阻性负载之所以采用 DC 600 V 直接加热的方式，一方面减轻了逆变器的冬季负载，另一方面减少了电阻性负载引起的漏电流。

三、实训要求

1. 实训时间

教学课时为 2 个课时。

2. 实训形式

学生每 5 人组成一个工作小组，各小组制定实施方案及工作计划。每个小组选出 1 名组长，协助教师指导本组学生学习，检查实训作业进度和质量，制定改进措施，共同完成项目任务。

3. 安全注意事项

（1）未经教师或管理员允许不得擅自操作。

（2）进行认知试验的时候小心磕碰。

4. 工器具材料准备

（1）防护用品，包括防滑鞋、绝缘手套、工作服等。

（2）个人用品，包括笔、笔记本等。

四、实训操作步骤

1. 实训操作流程（图 3-1-3）

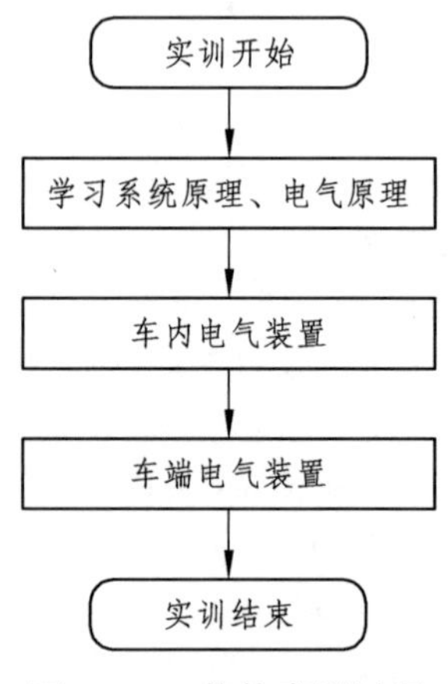

图 3-1-3　整体实训过程

2. 实训作业流程（表 3-1-1）

表 3-1-1　实训作业流程

工序	实训内容	使用工具	安全注意事项	作业结果记录
1	供电系统原理以及电气系统原理认知	目视	小心磕碰	
2	车内电气设备组成认知	目视	小心磕碰	
3	车端电气设备组成认知	目视	小心磕碰	

五、实训考核标准（表3-1-2）

表 3-1-2　实训考核标准

项目	标准	配分	得分
系统原理	能否阐述 DC 600 V 系统原理	25	
电气原理	能否阐述 DC 600 V 电气原理	20	
车内电气设备	能否阐述车内电气设备分为哪几部分及其作用	35	
车端电气设备	能否阐述车端电气设备的组成	20	

六、思考题

列车网络中如何实现车对地的无线通讯?

任务二　DC 600 V 机车直流供电系统的检修与维护

一、实训目的

（1）通过实训，学生可以掌握 DC 600 V 机车直流供电系统的检修方法。

（2）掌握 DC 600 V 机车直流供电系统的维护方法。

二、理论链接

DC 600 V 机车直流供电系统检修与维护的意义在于运用诊断性技术，采用预知维修的方法对设备进行检修，这是未来的设备检修工作的发展方向，制定科学的检修制度，采用科学的检修方法，使我们保障我们电气电力设备安全运行，有效提高经济效益。

三、实训要求

1. 实训时间

教学课时为 2 个课时。

2. 实训形式

学生每 5 人组成一个工作小组，各小组制定实施方案及工作计划。每个小组选出 1 名组长，协助教师指导本组学生学习，检查实训作业进度和质量，制定改进措施，共同完成项目任务。

3. 安全注意事项

（1）未经教师或管理员允许不得擅自操作。

（2）在万用表使用过程中，注意万用表档位的调节，同时避免用手触碰表笔的金属部分。

4. 工器具材料准备

（1）防护用品，包括防滑鞋、绝缘手套、工作服等。

（2）工具，包括清洁工具、螺丝刀、万用表等。

（3）个人用品，包括笔、笔记本等。

四、实训操作步骤

1. 实训操作流程（图 3-2-1）

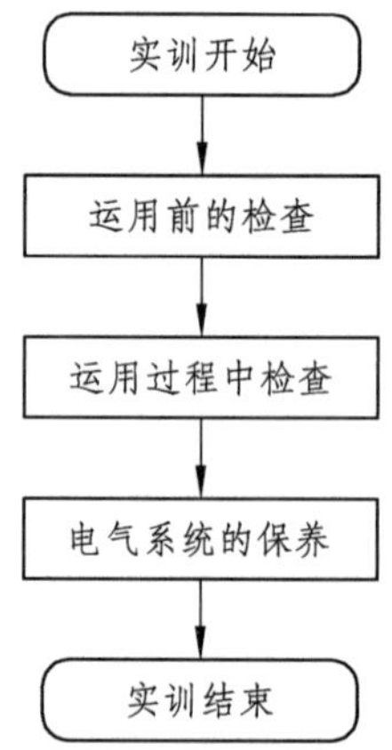

图 3-2-1　整体实训过程

2.实训作业流程（表 3-2-1）

表 3-2-1　实训作业流程

工序	实训内容	工作内容及质量标准	使用工具	安全注意事项	作业结果记录
1	运用前的检查	车端电气连接器各插头、插座外观无破损	目视、万用表	小心磕碰	
2		在列车运行前应对其输电干线进行检查，检查方法：列车编组断开所有车厢内电气综合控制柜中的开关用 1000 V/500 V 绝缘电阻计（兆欧表）检查输电干线的线间及对地的绝缘电阻，其绝缘值应符合规定	目视、万用表	小心磕碰	

续表

工序	实训内容	工作内容及质量标准	使用工具	安全注意事项	作业结果记录
3	运用前的检查	分线盒及配线管应配件齐全，防尘垫密封良好，管卡、护套、搭扣、折页齐全，作用良好	目视、万用表	小心磕碰	
4		蓄电池箱、充电器/单相逆变器箱、逆变器箱，检查是否悬挂无裂纹、开焊，螺栓齐全，无锈蚀开关、熔断器及附件安装牢固，作用良好；接线紧固，无烧损松动，并在工作位；蓄电池无松动、漏液，接续线牢固，导电良好；单车蓄电池组放电电压不低于 92 V	目视、万用表	小心磕碰	
5		传感器（包括制动、车体、转向架、防滑、轴温、蓄电池温度检测传感器）、电空阀、排风阀配件齐全、安装牢固，配线无破损老化，各引线套管连接良好	目视、万用表	小心磕碰	
6		接线盒及配线管配件齐全，防尘垫密封良好	目视、万用表	小心磕碰	
7		接地装置及车体接地线安装牢固，螺栓无锈蚀、松动、欠缺，配件齐全，配线无破损老化	目视、万用表	小心磕碰	
8		轴温报警器、记录仪，外观整洁，配件齐全，安装牢固。轴位显示准确、轴温、报警参数显示功能正常，声光报警可靠；同侧误差<5，功能良好。报警器车厢顺位号、记录仪时钟、记录时间间隔设置正确。记录仪通信功能正常。接线盒及连接件配件齐全、外观良好无破损，端子及接线正确、牢固。报警器与电气综合控制柜中的 PLC 通信正常，并在电气综合控制柜触摸屏上无“故障”信息显示	目视、万用表	小心磕碰	
9		水位显示仪，外观整洁，配件齐全，安装牢固。端子及接线正确、牢固。液位显示准确	目视、万用表	小心磕碰	
10		电子防滑器，电子防滑器主机外观整洁，配件齐全，端子及接线正确，信息显示准确、功能良好。与电气综合控制柜的 PLC、电气综合控制柜触摸屏上防滑器的信息显示应为正常信息代码“88”	目视、万用表	小心磕碰	
11		车厢级电气设备监控网络，网关、代理节点及连接件配件齐全、外观良好无破损，端子及接线正确、牢固。通电检查，网关、代理节点电源指示灯有效，LSV 指示灯不亮，安全记录仪指示灯闪亮。电气综合控制柜触摸屏显示本车电气设备信息正常	目视、万用表	小心磕碰	
12		列车级电气设备监控网络，网关、无线数据传输装置、触摸屏、CF 卡、电源模块、开关 连接件配件齐全、外观良好、无破损，端子及接线正确、牢固。车内、外天线作用良好，无屏蔽。电源开关处于工作位。网关、代理节点电源指示灯有效，LSV 指示灯不亮。主控站或电气综合控制柜触摸屏显示各车电气设备信息正常，数据下载功能正常	目视、万用表	小心磕碰	

续表

工序	实训内容	工作内容及质量标准	使用工具	安全注意事项	作业结果记录
13	运用前的检查	播音系统电源开关处于工作位，播音机、扬声器，音量调节器，开关正常	目视、万用表	小心磕碰	
14		电加热器安装牢固、配线整齐、无热损，接触可靠，表面清洁、无遮挡	目视、万用表	小心磕碰	
15		照明灯具配件齐全，清洁，灯罩无裂损、变形。灯具性能良好，光色一致	目视、万用表	小心磕碰	
16	运用过程中的检查	定期巡回检查电气综合控制柜的电器元件（如接触器、继电器、指示灯、仪表等）上的螺钉、螺母有无松开、脱落，如有上述情况应立即予以紧固或更换	安装拆卸工具、清洁工具	小心磕碰	
17		当空气开关跳闸时，应查明原因方可复位			
18	电气系统的保养	切断电源（断开总开关），用毛刷将箱内及电气元件上灰尘轻轻扫（吹）去	清洁工具	清洁时不可进水	

五、实训考核标准（表3-2-2）

表 3-2-2　实训考核标准

项目	标准	配分	得分
运用前的检查	能够正确对运用前的各部件进行检修和维护	75	
运用过程中的检查	能够正确对运用过程中的各部件进行检修和维护	10	
电气系统的保养	能够正确对电气综合控制柜灰尘进行清扫	15	

六、思考题

如何互相配合做好安全防护?

综合控制柜实训演练

任务一　综合控制柜整体认知

一、实训目的

（1）通过实训，学生可以学习 25G 型车的综合控制柜结构。

（2）对综合控制柜形成整体认知。

二、理论链接

1. 综合控制柜概述。

电气综合控制柜（以下简称综合控制柜）用于 DC 600 V 供电的客车，是集电源转换控制、空调机组控制、蓄电池欠压保护、照明控制等功能单元于一体的智能型综合控制柜。综合控制柜的控制核心采用可编程控制器（以下简称 PLC），PLC 通过微型可编程序终端（以下简称显示触摸屏）接受各种指令并自动执行相应的操作步骤，对电气系统运行中出现的各种故障及时进行诊断、指示并保护。综合控制柜具有检测、控制、诊断保护、信息提示、联网通讯功能，实现供电及控制系统的综合控制，可进行车对车通信，并逐步实现车对地、地对车的计算机联网通讯打下基础。

（1）综合控制柜的主要特点。

① 综合控制柜实现了客车电气控制系统的小型化、智能化、集成化和系统化。

② 综合控制柜根据预设参数实现自动控制，减轻了操作人员的工作强度，避免由于人为误操作引起的事故，便于操作和维护。

③ 综合控制柜对整车电气系统参数进行实时监测，出现故障时及时进行保护动作，避免了由于保护不及时而引起的严重后果。

④ 综合控制柜可对轴温报警器、防滑器、烟火报警器、车门的状态进行监视和显示。

⑤ 综合控制柜充分考虑了整车各个电气功能部件的协调工作，整个电气系统工作更加安全可靠。

⑥ 根据电气系统布线的有关规范和实际存在的问题，不同系统、不同电压等级、不同电流类别的导线尽量相互隔离，结构设计上尽量减少相互间的电磁干扰。

（2）PLC。

PLC 是可编程逻辑控制器的缩写，对整个电气系统进行自动控制，实时监测电气系统运行过程中的参数并进行分析，对出现故障自动处理，通过显示触摸屏实现人机对话，响应显示触摸屏输入的命令、参数，将故障信息、运行记录通过显示触摸屏显示等。

模拟量输入点：17 点（0 ~ 10 V）；

温度输入点：1 点（PT100）；

开关量输入点：24 点（直流 24 V，8 mA）；

开关量输出点：24 点（继电器输出）；

输出端最大开关能力：2 A，AC 250 V；2 A，24 V；

输出端最小开关能力：10 mA，DC 5 V。

（3）显示触摸屏。

显示触摸屏是一种微型可编程终端，采用全中文液晶显示触摸屏（带背光），具有字符类型和图象类型显示，由通讯接口和 PLC 的外设接口进行通讯。主要功能是现场参数设定，电源转换、空调机组等功能单元运行工况的人为控制，运行工况参数的显示，实时显示各功能单元的运行状态及实时报告故障现象。

字符、图象类型显示：20 × 15 个汉字；

液晶显示器规格：320 × 240 点；

有效显示面积：122 × 92 mm^2。

（4）交、直流电源规格。

① 主电路电源。

主电路由两路电源母线中的其中一路提供电源，向温水箱、逆变器、充电器供电，并由逆变器Ⅰ、逆变器Ⅱ变换成 AC 380 V/50 Hz，向车内空调、伴热等交流负载供电。

直流主电源：DC 600 V；

额定工作电压：DC 600 V；

电压波动范围：DC 500 ~ 660 V；

交流主电源：AC 380 V；

额定工作电压：三相交流 380 V；

电压波动范围：三相交流 323 ~ 437 V；

额定工作频率：50 ± 1 Hz。

② 蓄电池。

DC 110 V 电源全列贯通，各车厢蓄电池及充电器通过逆流二极管与 DC 110 V 干线并联。

蓄电池在充电机停止或故障时，向本车照明、塞拉门、车下电源箱控制、温水箱开水炉控制等负载供电。

电池欠压保护动作值：DC 91 ± 1 V，恢复值：DC 97 ± 1 V。

③ 直流控制电源。

应急灯、轴温报警器、防滑器、PLC 等重要负载由列车直流 110 V 母线供电；照明、车下电源箱、温水箱、开水炉等负载的控制电源由本车直流 110 V 电源提供；控制柜内的 DC-DC 电源模块将 DC 110 V 电源转换成直流 24 V 电源向 PLC、显示触摸屏、网关、安全用电记录仪供电；转换成直流 12 V 向传感器供电；DC 110 V/DC 48 V 电源将 DC 110 V 转换成直流 48 V 电源向尾灯供电。

a. 直流电器控制电路。

额定工作电压：DC 110 V；

电压波动范围：DC 88~121 V。

b. PLC、触摸屏电路。

额定工作电压：DC 24 V；

电压波动范围：DC 20.4 ~ 26.4 V；

信号采集电路（传感器）

额定工作电压：DC 12 V；

电压波动范围：DC 11.4V ~ 12.6 V；

输出电压范围：DC 0 ~ 10 V；0 ~ 5 V。

c. PLC、触摸屏及传感器供电电源。

额定输入电压：DC 110 V；

输入电压波动范围：DC 77 ~ 135 V；

额定输出电压：DC 24 V（±5%）；DC 12V（±5%）。

额定输出电流：DC 24 V 不小于 3 A，DC 12 V 不小于 1 A；

电压调整率：不大于 1%；

电流调整率：不大于 1%；

输出电压纹波峰-谷值（VP-P）：不大于 1.0 V；

变换效率：大于 80%。

d. 尾灯供电电源。

额定输入电压：DC 110 V；

输入电压波动范围：DC 77 ~ 135 V；

额定输出电压：DC 48 V（±5%）；

额定输出电流：不小于 1 A；

电压调整率：不大于 1%；

电流调整率：不大于 1%；

输出电压纹波峰-谷值（VP-P）：不大于 1.0 V；

变换效率：大于 80%。

（5）WG 型网关规格。

WG 型网关用于铁路客车 TKDT 型配电柜。其中包括 PLC 网关、轴温报警器网关、防滑器网关、烟火报警器网关。这些网关一方面通过各种通信接口实现 PLC 到安全记录仪、轴温报警器到 PLC、防滑器到 PLC、烟火报警器到 PLC 的数据传递，另一方面通过 Lonworks 接口及列车总线实现车辆间的信息和命令传递。

额定输入电压：DC 24 V；

输入电压波动范围：DC 20~27 V；

外形尺寸：160 mm × 90 mm × 42 mm；

安装尺寸：145 mm × 63 mm，安装螺丝：M4。

（6）DL-Ⅱ代理节点规格。

代理节点是联接列车网和车厢网的桥梁，有 2 个独立的 Lonworks 通讯接口。上行 Lonworks 通讯接口负责列车级网络通信，接收列车主机的信息，并将信息转发给下行 Lonworks 通讯模块。下行 Lonworks 通讯接口负责车厢级网络通信，转发集中控制命令，接收车厢级各应用节点传输的参数、工作状态等信息。

额定输入电压：DC 24 V；

输入电压波动范围：DC 20~27 V；

外形尺寸：160 mm × 90 mm × 56 mm；

安装尺寸：145 mm × 63 mm，安装螺丝：M4。

三、实训要求

1. 实训时间

教学课时为 2 个课时。

2. 实训形式

学生每 5 人组成一个工作小组，各小组制定实施方案及工作计划。每个小组选出 1 名组长，协助教师指导本组学生学习，检查实训作业进度和质量，制定改进措施，共同完成项目任务。

3. 安全注意事项

（1）未经教师或管理员允许不得擅自操作。
（2）非专业人员禁止打开箱体进行维修设备。
（3）设备维修时应断开主电源和控制电源，切勿带电操作。

4. 工器具材料准备

（1）防护用品，包括绝缘手套、防滑鞋等。
（2）个人用品，包括笔、笔记本等。

四、实训操作步骤

1. 实训操作流程（图 4-1-1）

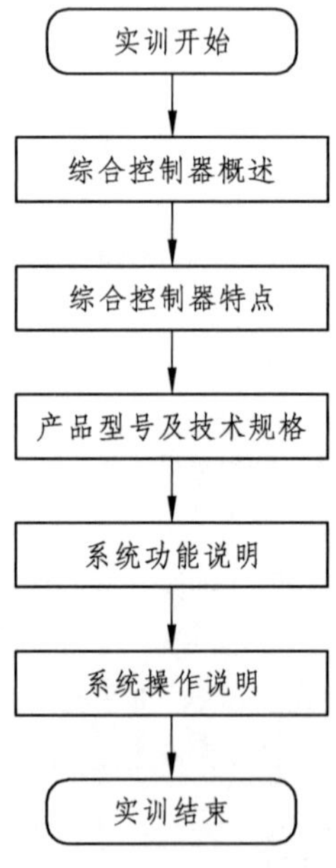

图 4-1-1　整体实训过程

2. 实训作业流程（表 4-1-1）

表 4-1-1 实训作业流程

工序	实训内容	作业结果记录
1	综合控制柜的电源有两路供电，通过转换开关 SA1 分“自动”和“试验Ⅰ路”“试验Ⅱ路”。若转换开关置于“自动”位。 ①Ⅰ路、Ⅱ路均有电（电压高于 DC500V），设定车厢号后，PLC 按照均衡供电原则，奇数号车厢选择Ⅰ路供电、偶数号车厢选择Ⅱ路供电，Ⅰ路和Ⅱ路互锁，显示屏显示相应信息，电源指示灯亮。 ② 如果Ⅰ路有电、Ⅱ路无电，所有车厢 PLC 通过检测可自动选择Ⅰ路供电，空调（客室电热）减载运行。此时如果Ⅱ路重新供电，则偶数车厢 PLC 通过检测可重新选择Ⅱ路供电。 ③ 如果Ⅱ路有电、Ⅰ路无电，所有车厢 PLC 通过检测可自动选择Ⅱ路供电，空调（客室电热）减载运行。此时如果Ⅰ路重新供电，则奇数车厢 PLC 通过检测可重新选择Ⅰ路供电。 ④ 可以通过触摸屏的电源控制菜单和提示选择或转换供电回路。 ⑤ 在Ⅰ路、Ⅱ路都有电，奇数号车厢Ⅰ路供电、偶数号车厢Ⅱ路供电的情况下，如果Ⅰ路（Ⅱ路）电源出现过压故障，PLC 自动转换到另一路电源供电，同时空调（客室电热）减载运行。当电源电压值恢复正常，通过触摸屏操作解除故障保护或电源重新供电，PLC 自动转换回原供电回路，负载恢复恢复原工况运行。两路供电回路重新供电时，PLC 将自动解除保护，转换到原供电回路。	
2	空调机组控制功能通过转换开关 SA2 分为“自动”“试验暖”“试验冷”。 正常情况下，转换开关 SA2 置于“自动”位。 ① 电源供电开始后，PLC 控制空调机组自动进入“自动”运行，PLC 根据当前逆变器状态以及车厢里温度传感器、外气温度传感器检出值与预先在管理界面设定的“制冷”、“电热”“半暖”“全暖”温度设定值进行比较后，进行空调机组的“自动”运转，空调机组有六种工况“弱风”“强风”“半冷”“全冷”“半暖”“全暖”。“制冷”温度设定值为空调机组根据车内温度从“半冷”工况转入“强风”工况时的临界温度（暂设为 24 ℃）；“电热”温度设定值为空调机组根据车内温度从“弱风”工况转入“电热”工况时的临界温度（暂设为 18 ℃）。“半暖”为 PLC 根据外气温度启动弱风半暖的温度（暂设为 15 ℃），“全暖”为 PLC 根据外气温度启动弱风全暖的温度（暂设为 5 ℃）。 ② 可以根据显示触摸屏上的菜单和提示，选择“强风”“半冷”“全冷”“弱风”“半暖”“全暖”等运行方式，此时空调机组不受温度控制，按下“全自动”触摸开关可以返回受温度控制“自动”状态，按下“停止”触摸开关，空调停止运行。	

续表

工序	实训内容	作业结果记录
2	③ 制冷时，强风机发生故障，对应冷凝风机、压缩机停止工作；冷凝风机发生故障时，对应压缩机停止工作；制暖时，弱风机发生故障，对应空气预热器停止工作。 ④ 在“半冷”工况下，压缩机运行时发生故障，有故障的压缩机将停止运行，并自动切换到另一组压缩机启动运行；在“全冷”工况下，运行发生故障，有故障的压缩机停止运行，保持无故障压缩机继续运行。在“半暖”工况下，PLC根据电流检测判断预热器运行时发生故障，有故障的预热器将停止运行，并自动切换到另一组预热器启动运行；在“全暖”工况下，PLC 根据电流检测判断预热器运行发生故障，有故障的预热器停止运行，保持无故障预热器继续运行	
3	为保护蓄电池，综合控制柜设蓄电池欠压提示功能，当 PLC 检测到本车蓄电池电压低于欠压保护设定值时，触摸屏应显示相应故障信息（提示：蓄电池欠压保护功能判断信号由车下电源给出，当蓄电池欠压时，车下电源给出信号切断相应负载）	
4	按下主画面“画面选择”按钮中“管理界面”触摸开关，调出系统管理员密码进入画面，按“口令”触摸开关调出键盘，密码为“837”，按回车键输入密码再按下“确认”调出管理界面。在上用手轻触数字显示处，调出“键盘”，利用键盘设定空调机组制冷（压缩机）、制暖（空气预热器）设定值、直流漏电保护值、电池欠压保护值、欠压恢复值、车厢号、车辆号、I 档/II 档/三档减小风口开度时运行的时间。输入值确认后按下回车键输入设定值，完成后按下“关闭键盘”触摸开关即可关闭键盘。按下“返回”触摸开关返回密码设定 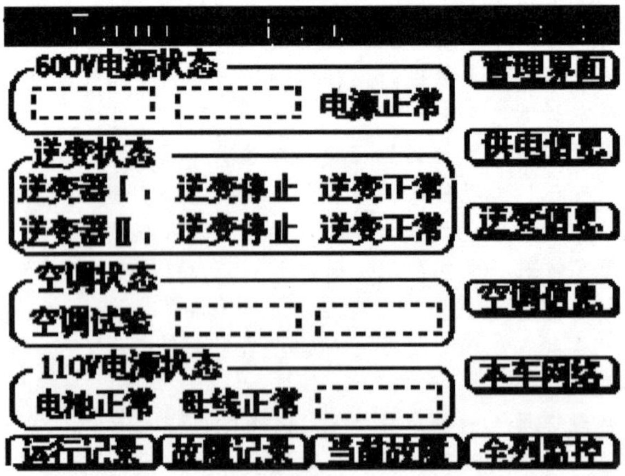 600V电源状态 电源正常 管理界面 逆变状态 逆变器Ⅰ： 逆变停止 逆变正常 供电信息 逆变器Ⅱ： 逆变停止 逆变正常 逆变信息 空调状态 空调试验 空调信息 110V电源状态 电池正常 母线正常 本车网络 运行记录 故障记录 当前故障 全列监控 主画面	

续表

工序	实训内容	作业结果记录
5	按下“画面选择”画面上的“供电信息”触摸开关进入“供电系统信息”画面。 人工强制选择电源供电回路“Ⅰ路供电”或“Ⅱ路供电”，可以按下“供电控制”触摸开关，调出“电源控制”画面，根据触摸开关上的文字提示人工强制选择“Ⅰ路供电”或“Ⅱ路 供电”。此时如果电源停止，且所选择供电回路有电，则选择该路供电；如果正在此路供电则电源继续供电；如果是另一路供电则转换到此路供电。按下触摸开关“自动供电”，则自动返回 PLC 默认的供电回路，即奇数车厢Ⅰ路供电，偶数车厢Ⅱ路供电。人工强制选择电源供电回路应有特殊原因时使用，使用后如无特殊原因应转换回“自动供电”状态。 当通过触摸屏“供电控制”控制供电的状态时，供电状态字符串应显示“电源手动”。 如果电源曾出现故障，确认故障排除后，可以按下“停止供电”或“自动供电”解除故障保护，通过 PLC 检测后，重新启动供电 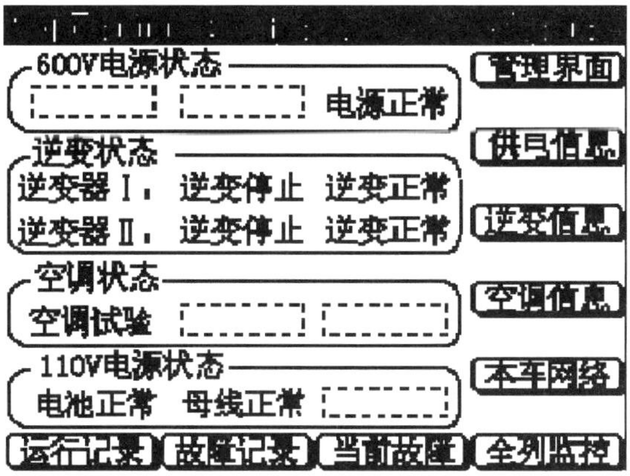 主画面 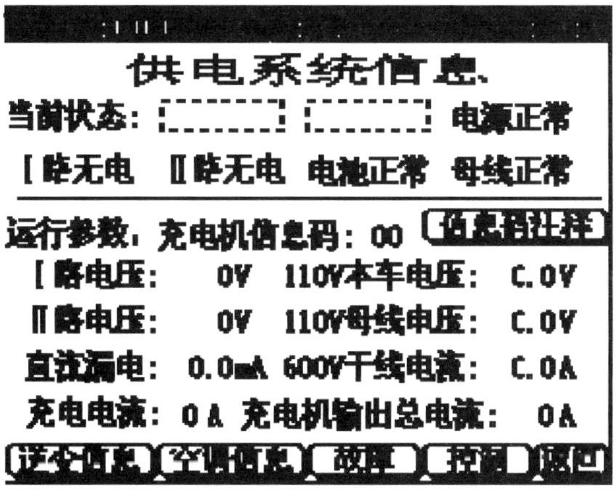 供电系统信息画面	

续表

工序	实训内容	作业结果记录
6	在“画面选择”画面，按下“空调信息”触摸开关，进入“空调系统信息”画面。 人工强制选择空调工况，可以按下“空调控制”触摸开关，调出 “空调控制”。“空调控制”设有 10 个触摸键：强风、弱风、半冷、半暖、全冷、全暖、全自动、电热 1、电热 2、停空调、停电热。这些触摸开关的含义如下： “强风”“弱风”“半冷”“半暖”“全冷”“全暖”是人工强制空调机组转换到所选择的工况运行，直到选择其它工况、停空调或全自动，此时空调机组处于不受温度控制的状态。 “停空调”是停止空调运行。 “全自动”是控制空调机组由不受温度控制的状态转换到受温度控制的自动运行状态。此时客室电热与空气预热器连动。 “电热 1”“电热 2”是启动客室电热器，“停电热”是关闭客室电热器。 当通过触摸屏“空调控制”控制空调的状态时，空调状态字符串应显示“空调手动”。 为保证空调动作的安全、准确，在通过触摸屏启动制冷或制暖时，请先点击“停空调”、“停电热”，待空调电热完全停止后，再选择你所要求的空调工况。若无特殊原因建议空调在“全自动”状态下运行 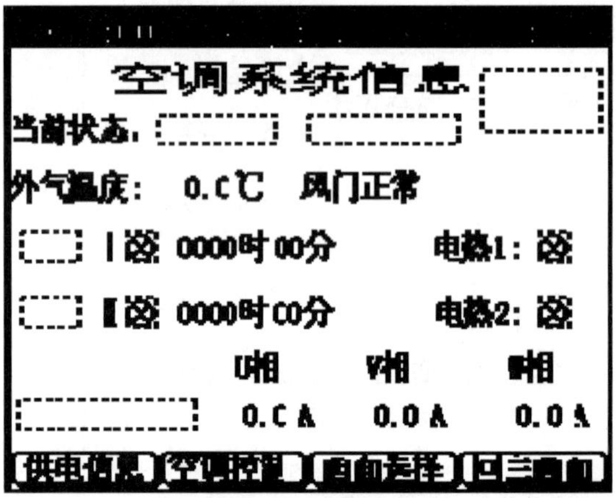 空调系统信息画面	
7	在“画面选择”画面中，按下“故障记录”触摸开关，调出“故障记录”，显示最近故障前十分钟、每隔两分钟的电源及空调参数，按下“下翻”触摸开关可依次查看其它故障记录；按下“故障历史”按钮，显示出用电系统最近出现的 256 个故障；按下“运行记录”触摸开关切换到“运行记录 1”，显示出一定时间前电源参数及空调机组参数，按下“下翻”触摸开关可依次查看其它运行记录，运行记录每隔十分钟记录一次，一共 18 幅；通过触摸屏可以调出 3 h 以内的各种工作状态和运行参数，正常运行状态时平均每隔 10 min 记录 1 次，超过 3 h 后自动刷新；当出现故障时，应能及时记录，并进行提示，通过故障记录可以查看故障前 10 min 以内、每 2 min 间隔的运行参数。	

五、实训考核标准（表4-1-2）

表 4-1-2　实训考核标准

项目	标准	配分	得分
电源供电转换功能	是否按照流程进行操作	18	
空调机组控制功能	是否按照流程进行操作	18	
蓄电池欠压保护功能	阐述蓄电池欠压保护功能	8	
系统参数设定	是否按照流程进行操作	15	
供电人工转换操作	是否按照流程进行操作	15	
空调人工转换操作	是否按照流程进行操作	15	
当前故障查询	是否按照流程进行操作	11	

六、思考题

在“半冷”工况下和全冷”工况下，压缩机运行时发生故障，压缩机该如何运作?

任务二　综合控制柜静态检查

一、实训目的

通过实训，学生可以掌握综合控制柜的静态检查要点。

二、理论链接

此次实训的静态检查分为三部分的检查：PLC 检查、显示触摸屏检查、WG 型网关检查。

PLC 本身具有故障诊断、预告功能，出现故障后根据提示及时检查并维修，确认故障清除后，按照操作说明重新启动电源、空调。

显示触摸屏为液晶显示屏，使用过程中防止表面与硬、尖锐的物体接触以免损伤。如果显示触摸屏脏得难以看清，请用一柔软干布擦拭显示触摸屏。如果特别脏，用干布擦除赃物可能损伤面板表面。在这种情况下，用含中性洗涤液的湿抹布绞干后擦拭显示触摸屏。

WG 型网关用于铁路客车 TKDT 型配电柜。其中包括 PLC 网关、轴温报警器网关、防滑器网关、烟火报警器网关。这些网关一方面通过各种通信接口实现 PLC 到安全记录仪、轴温报警器到 PLC、防滑器到 PLC、烟火报警器到 PLC 的数据传递，另一方面通过 Lonworks 接口及列车总线实现车辆间的信息和命令传递。

三、实训要求

1. 实训时间

教学课时为 2 个课时。

2. 实训形式

学生每 5 人组成一个工作小组，各小组制定实施方案及工作计划。每个小组选出 1 名组长，协助教师指导本组学生学习，检查实训作业进度和质量，制定改进措施，共同完成项目任务。

3. 安全注意事项

（1）未经教师或管理员允许不得擅自操作。
（2）非专业人员禁止打开箱体进行维修设备。
（3）设备维修时应断开主电源和控制电源，切勿带电操作。

4. 工器具材料准备

（1）防护用品，包括防滑鞋、绝缘手套、工作服等。
（2）工具，包括万用表、清洁工具、螺丝刀等。
（3）个人用品，包括笔、笔记本等。

四、实训操作步骤

1. 实训操作流程（图 4-2-1）

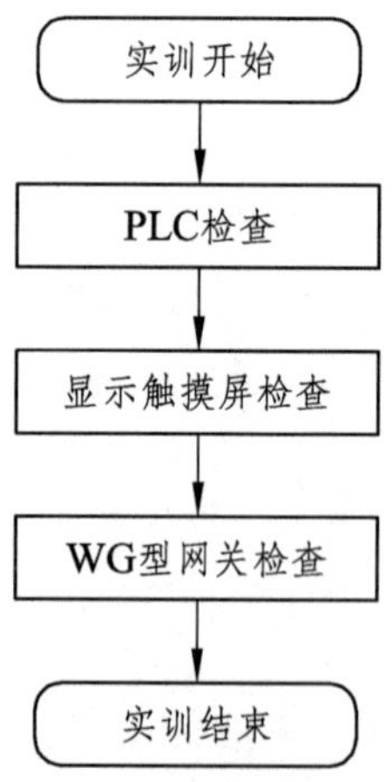

图 4-2-1　整体实训过程

2. 实训作业流程（表 4-2-1）

表 4-2-1 实训作业流程

工序	实训内容		使用工具	安全注意事项	作业结果记录
1	PLC 检查	电源电压是否在 20.4～26.4V 范围内。 环境温度是否在 0～55 ℃范围内。 环境湿度是否在相对湿度 10%～85%范围内且无凝露。 输入端电压是否在 20.4～26.4V 范围内，输出端电压不高于 AC 250 V。 所有单元安装是否可靠，接线是否牢固，接线螺丝有否松动，连接电缆有否磨损	清洁工具、万用表	小心触电	
2	显示触摸检查	电源电压是否在 20.4～26.4V 范围内。 环境温度是否在 0～50 ℃范围内。 环境湿度是否在相对湿度 35%～85%范围内且无凝露。 所有单元安装是否可靠，接线是否牢固，接线螺丝有否松动，连接电缆有否磨损	万用表、螺丝刀	小心触电	
3	WG 型网关检查	检查网络接线是否规范。 如果修改 PLC 的本车车厢号，网关须重新上电才能正常工作。 PLC 上的 PORT 口的拨动开关必须置于 OFF 位。 如果 LSV 指示灯闪烁，表明通信故障，但不影响 PLC 正常工作。处理方法如下： ① 检查同列车中是否有车厢号重复的现象。如果有，请先断电，然后拔下网关的连接器 LJ1；然后 PLC 上电，修改车厢号后断电，再插上 LJ1，重新上电。 ② 检查本车网线是否有短路、开路、对地绝缘不良、与其他车上配线互连现象，检查 RS232、RS485 通讯线连接是否正确（网关电源指示灯若为红色表示此网关通讯接口为 RS232 接口，若为绿色表示此网关通讯接口为 RS485 接口。 ③ 检查列车网络线是否有短路、开路、对地绝缘不良、与其他车上配线互连现象。 ④ 检查供电电源是否正常。 ⑤ 更换网关	万用表	小心触电	

五、实训考核标准（表4-2-2）

表 4-2-2　实训考核标准

项目	标准	配分	得分
PLC 检查	是否按照顺序对 PLC 进行检查	30	
显示触摸屏检查	是否按照顺序对显示触摸屏检查	30	
WG 型网关检查	是否按照顺序对 WG 型网关检查	40	

六、思考题

网络接线如何才算规范？

任务三　综合控制柜动态检查

一、实训目的

（1）通过实训，学生可以掌握综合控制柜动态检查检查什么。

（2）通过实训，学生可以对综合控制柜有更深层次的认知。

二、理论链接

动态检查是指通过相关检测设备，根据设计和相关技术标准对正常运行条件下的系统功能、动态性能和系统安全状态进行检测。综合控制柜的控制方案以自动为主，同时考虑控制系统故障的应急措施，包括极端情况下的手动应急措施。综合控制柜主要具备六大部分功能：

（1）电源转换控制功能。

（2）空调机组控制功能。

（3）蓄电池欠压保护功能。

（4）照明供电功能。

（5）轴温、防滑器、烟火报警器、车门及车下电源箱状态监视功能。

（6）联网通讯功能。

三、实训要求

1. 实训时间

教学课时为 2 个课时。

2. 实训形式

学生每 5 人组成一个工作小组，各小组制定实施方案及工作计划。每个小组选出 1 名组长，协助教师指导本组学生学习，检查实训作业进度和质量，制定改进措施，共同完成项目任务。

3. 安全注意事项

（1）未经教师或管理员允许不得擅自操作。

（2）试验前确认输入电源正常。

（3）按规定穿戴劳保用品，带好作业工具。

4. 工器具材料准备

（1）防护用品，包括防滑鞋、绝缘手套、工作服等。

（2）工具，包括万用表、手电筒等。

（3）个人用品，包括笔、笔记本等。

四、实训操作步骤

1.实训操作流程（图 4-3-1）

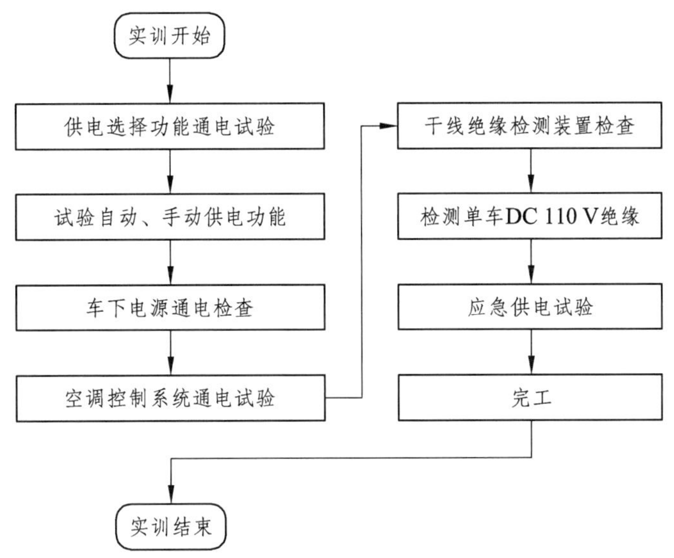

图 4-3-1　整体实训过程

2. 实训作业流程（表 4-3-1）

表 4-3-1　实训作业流程

工序	实训内容		使用工具	安全注意事项	作业结果记录
1	供电选择功能通电试验	（1）依次闭合 Q20、Q30、Q19、Q35、Q36、Q1、Q2 断路器，给主电路和控制系统供电。 （2）检查各断路器合闸、接触器吸合情况。 （3）闭合断路器时，同步目视检查断路器无拉弧、跳闸，无卡滞故障。 （4）目视、耳听检查 KM3 接触器、KM4 接触器吸合正常，无电磁噪声	目视、耳听	小心触电	

续表

工序	实训内容		使用工具	安全注意事项	作业结果记录
2	试验自动手动供电功能	（1）将电源转换开关 SA1 打到“自动”“试验一路”或“试验二路”， （2）检查控制柜相应的继电器、接触器动作情况，指示灯须显示正常。综合控制柜发出故障硬线信号、通过网络发送故障代码。通过下一个分相区后，如果 DC 600 V 电源电压恢复正常，综合控制柜应正常启动，消除故障硬线信号	目视	小心触电	
3	车下电源通电检查	（1）闭合断路器 Q3，车下电源箱工作。通电检查、逆变器、充电机输出电压、电流是否正常，指示灯显示正常。 （2）逆变器输出电压为：AC 380 V ± 5%，50 ± 1 Hz。 （3）充电机输出电压为：DC120 V ± 1 V，充电限流值为 25 ~ 30 ± 1 A	万用表	小心触电	
4	空调控制系统通电试验	（1）分别对空调装置在自动位和试验位进行通电试验，指示灯显示正常。 （2）按触摸屏的“空调信息”触摸开关进入“空调系统信息”。 （3）查询压缩机或空气预热器的各相电流、各压缩机或空气预热器的累计工作计时，空调机组运行状态正常、启动顺序正确，各电机电流正常 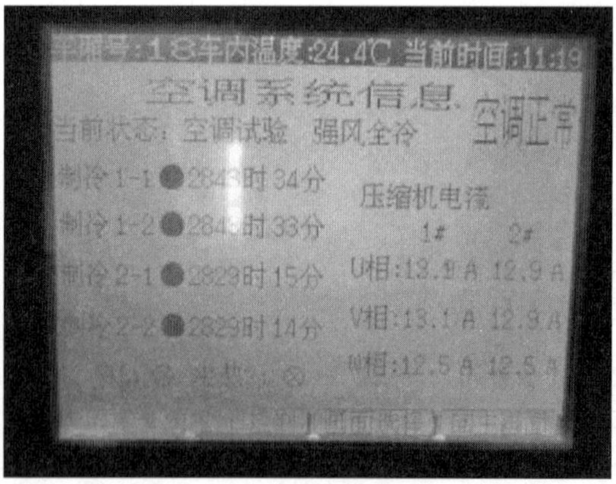	目视	小心触电	
5	干线绝缘检测装置检查	（1）检测装置 CF 卡卡槽及针脚作用良好，针脚无弯曲。	万用表	小心触电	

续表

工序	实训内容		使用工具	安全注意事项	作业结果记录
5	干线绝缘检测装置检查	（2）检查干线绝缘检测装置各参数值设置：供电干线对地绝缘电阻设定报警动作值 1500 Ω、恢复值 2000 Ω，车厢号、车体号，过压动作值 660 V、恢复值 620 V，欠压提示动作值 540 V、恢复值 560 V。 （3）检测装置触摸屏显示正线对地电压和负线对地电压之和应等于母线间电压 600 V。全列任一路干线对地电压不得低于 130 V、单车绝缘值不得高于 30 mA、单车漏电绝缘值跳动量不得高于 20 mA，出现时须排查消除绝缘故障			
6	检测单车 DC 110V 绝缘	使用 110V/15W 试漏灯测量绝缘，正负极对地以灯泡钨丝不红为准（必须在充电机启动后，DC110V 负载全部处于工作状态的工况下测试 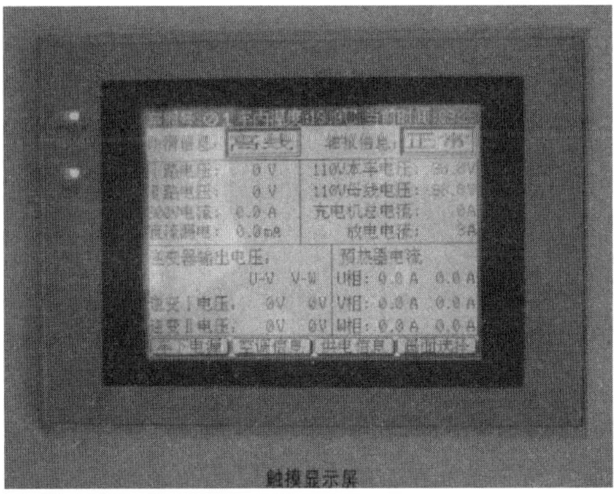 触摸显示屏	万用表	小心触电	
7	应急供电试验	接通电池供电的轴报器、电子防滑器、应急灯、集便器、烟火报警器、播音设备（播音车）等设备，通过电源选择开关，切断主电源，检查各电器是否正常工作。 （1）所有应急设备须全部能正常供电。 （2）电池电压高于 92 V	万用表	小心触电	
8	完工	（1）关闭各检查门，锁闭综合控制柜门锁。 （2）清查工具、材料，进行场地清理。 做到工完、料净、场地清。按规定办理下脱手续		小心触电	

五、实训考核标准（表4-3-2）

表 4-3-2　实训考核标准

项目	标准	配分	得分
供电选择功能通电试验	是否按照顺序进行此试验	12	
试验自动手动供电功能	是否按照顺序进行此试验	12	
车下电源通电检查	是否按照顺序进行此检查	12	
空调控制系统通电试验	是否按照顺序进行此试验	15	
干线绝缘检测装置检查	是否按照顺序进行此检查	17	
检测单车 DC 110 V 绝缘	是否按照顺序进行此检查	11	
应急供电试验	是否按照顺序进行此试验	11	
完工	是否进行此操作	10	

六、思考题

综合控制柜每步动态检查的要点是什么?

照明控制系统实训演练

任务　照明控制系统整体认知

一、实训目的

通过实训，学生可以掌握照明控制系统的整体分布的内容。

二、理论链接

25G 型铁路客车照明一般可以分为以下几个部分：通过台照明、客室照明、小走廊照明、卫生间照明、吧区（仅限餐车）照明几个部分。

吧区照明一般采用在乘务员室集中控制，吧区照明除了集中控制以外，有的餐车还在吧区设置单独的照明开关，可以单独控制吧区射灯。

照度是照明系统一个至关重要的部分，照明灯具的布置要能满足照度要求，让人有舒适感，并且最大限度的免受眩光的干扰。

下面以某一车型为例具体介绍照度计算。

（1）照明灯具的参数。

光源：1×40 W　荧光灯；

灯管型号：OSRAM　40 W；

光通量：3150 lm。

（2）车内的环境条件。

中顶反射率：70%；

侧墙的反射率：50%；

地板反射率：10%；

利用系数：0.71；

维护系数：0.7（有较多灰尘）；

H1 距地面 0.8M 高度光衰减比 1.46；

H2 距地面 1.5M 高度光衰减比 1.31。

（3）照度计算公式。

$$Eav=CR \times N \times \phi n \times UF \times MF/A \times H$$

Eav	平均照度	UF	利用系数
N	灯具的数量	MF	维护系数
A	室内面积（m^2）	CR	灯罩阻光度
ϕn	一套灯具的流明数	H	高度光衰减比

样车客室面积为 11360 mm × 2.884 mm，其他反射率、利用率均采用通常标准数值，此车客室内普通照明灯 15 个，应急灯 3 个，功率 40W，则此客室照度计算如下：

距地面 0.8 m 高度照度为：

0.55 × 18 × 3150 × 0.71 × 0.7/（11.36 × 2.884 × 1.46）=324.04（LUX）

最小照度：324.04 × 0.84=272.19（LUX）。

TB/T 2917—1998《铁道客车照明设计基本参数》中要求荧光灯照明平均照度 150LUX，通过计算结果得出本客室照明照度满足 TB/T 2917—1998《铁道客车照明设计基本参数》中的要求。

三、实训要求

1. 实训时间

教学课时为 2 课时。

2. 实训形式

学生每 5 人组成一个工作小组，各小组根据实训课程任务定制实训实施方案，每个小组选出一名组长，组长协助老师指导本组学生进行实训。

3. 实训注意事项

（1）未经教师或管理员运行不得擅自操作。

（2）在接通电源的情况下，做好自身防护，小心触电。

（3）需要严格按照标准操作步骤进行实训。

4. 工器具材料准备

（1）防护用品，包括防滑鞋、绝缘手套、工作服等。

（2）个人用品，包括笔、笔记本等。

四、实训操作步骤

1. 整体实训过程如图 5-1-1 所示。

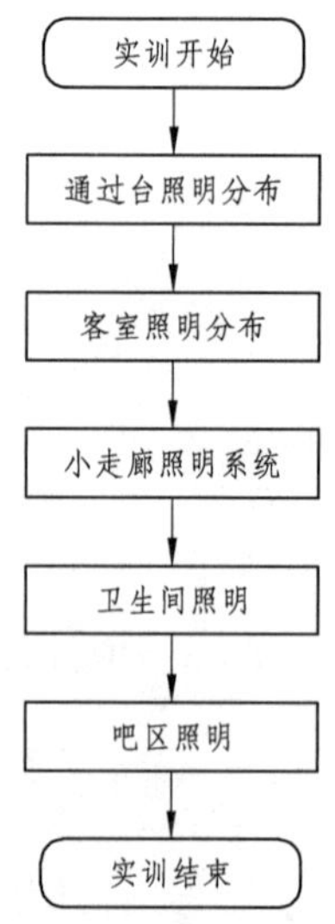

图 5-1-1　实训流程

2. 实训作业流程（表 5-1-1）。

表 5-1-1　实训作业流程

工序	实训内容		作业结果记录
1	通过台照明分布	在普通的铁路客车中，通过台一般采用 2×15 W 的双管顶灯照明，既节约了成本，也满足照度要求。为了应对突发状况，一、二位端通过台照明应设置为应急灯	
2	客室照明分布	25G 型铁路客车通常分为硬座车、硬卧车、软卧车、餐车。 为了满足照度的要求，硬座车的客室照明采用灯带形式，灯带安装到顶板上，一般采用荧光灯管，并且在中间及端部要设置应急灯。 硬卧车由于包间没有门，为开敞式，一般采用 2×15 W 双管顶灯照明即能满足照度的要求，硬卧车的走廊也采用双管顶灯照明，中间设置应急灯。 软卧车由于是独立包间，所以包间内一般采用 2×20 W 双管顶灯照明。软卧的床头设置阅读灯。大走廊采用双管顶灯照明，中间设置应急灯。 餐车客室照明一般包括中顶灯带和边顶灯带，中顶灯带和硬座车基本相同，包括普通照明和应急照明。应急灯在一位侧设置一个，位于中间位置，二位侧设置两个，位于两端，这样在断电后通过应急照明能够保证客室基本的照明。为了节约电能，中顶的普通照明一般分为两路，一路为所有的灯都亮，二路为只有一半的灯亮。这样在很多时候只开半灯就可以达到照度要求。 餐车设置边顶灯带。如果中顶的二路照明不能满足照度要求时，可以使用边顶灯带弥补不足，这样就不必要打开中顶的一路灯，而且这样照明比较均匀，同时也节约了电能	
3	小走廊照明分布	由于小走廊面积较小，小走廊设置一个 2×15 W 或者 2×20 W 的双管顶灯即能满足照度要求 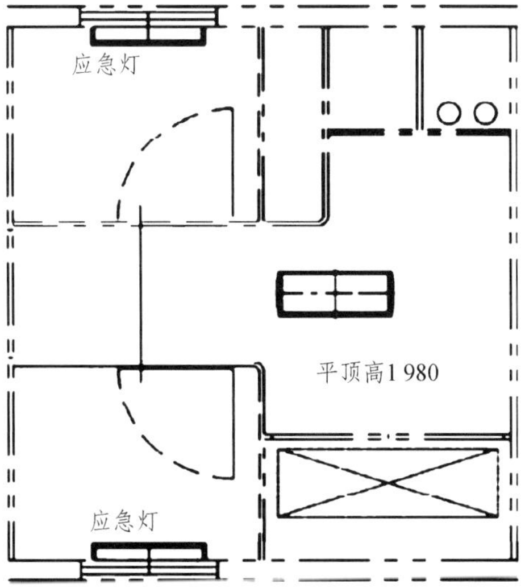 小走廊和卫生间照明（单位：mm）	

续表

工序	实训内容		作业结果记录
4	卫生间照明分布	卫生间照明采用15W的壁灯。由于壁灯是圆弧的设计，随着卫生间的角线，整体看起来视觉效果比较好。为了防止突然断电，卫生间的照明均为应急照明。一般为直流供电	
5	吧区照明	吧区照明是餐车的一大特点，一般采用射灯，在设计时既考虑照度的要求，有常规的对称排布和随着吧区弧度排布两种。随着吧区圆弧的弧度排布射灯，整体看起来比较美观。25G 型车展示柜前面是一字排开的 5 个射灯，保证了每个展示柜的隔断都有射灯，保证了照度要求。为了考虑突发状况，吧区设置应急灯，这样在突发停电的状况下采用直流应急照明，保证了安全。 吧区照明除了能够实现总体控制外，还单独增加了照明开关，所有的交流灯可以由乘务人员的单独控制 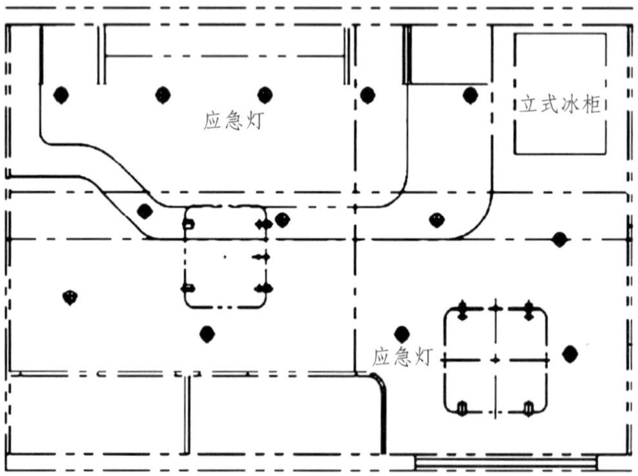 应急灯 立式冰柜 应急灯	

五、实训考核标准（表5-1-2）

表 5-1-2　实训考核标准

项目	标准	配分	得分
照度计算知识考核	能够掌握照度计算公式以及各公式中符号代表的含义	20	
通过台照明知识考核	能够叙述出通过台照明的主要内容	20	
客室照明分布知识考核	能够叙述硬卧车、软卧车、餐车客室照明分布的主要内容	20	
小走廊照明分布知识考核	掌握小走廊照明分布图以及选用照明灯型号	10	
卫生间知识考核	掌握卫生间照明分布图以及选用照明灯的主要功能	20	
吧区照明知识考核	掌握吧区照明的分布图以及注意内容	10	

六、思考题

（1）25G 型铁路客车上照明系统有何作用?

（2）照明系统由几部分组成，请分别进行简述。

参考文献

[1] 王连森. 城市轨道交通车辆维护与检修[M]. 北京：中国铁道出版社，2012.

[2] 刘晓娟，林海香，司徒国强. 城市轨道交通综合监控系统[M]. 2 版. 成都：西南交通大学出版社，2020.

[3] 刘海梅，蔡海云. 城市轨道交通车辆控制[M]. 成都：西南交通大学出版社，2014.

[4] 华平. 城市轨道交通车辆电气控制[M]. 北京：机械工业出版社，2011.

[5] 中国城市轨道交通协会. 城市轨道交通列车司机[M]. 成都：西南交通大学出版社，2018.